Lachszenen in der Literatur

Von Homer bis Houellebecq

Falko Ritter

2018

*Wenn du nicht all deine Bücher lesen kannst,
dann nehme sie wenigstens zur Hand, streichle
ein wenig über sie, schau' etwas hinein, lasse sie
irgendwo auffallen und lese die ersten Sätze, auf
die dein Auge fällt, stelle sie selbst aufs Bord
zurück, ordne sie nach deinen Vorstellungen so,
dass du wenigstens weißt, wo sie sind. Lass' sie
deine Freunde sein; lasse sie auf alle Fälle deine
Bekannten sein.*

Winston Churchill (1874-1965)

Impressum

© 2018 Falko Ritter

Verlag: tredition GmbH, Hamburg

978-3- 7469-2985- 9 (Paperback)
978-3- 7469-2986- 6 (Hardcover)
978-3- 7469-2987- 3 (e-Book)

Bibliografische Information der Deutschen Nationalbibliothek:
Die Deutsche Nationalbibliothek verzeichnet diese Publikation in der Deutschen Nationalbibliografie; detaillierte bibliografische Daten sind im Internet über http://dnb.d-nb.de abrufbar.

Inhaltsverzeichnis

X

Vorwort

„Lachszenen in der Literatur" ist kein neues Thema. Der Bücherfreund weiß: Nicht nur im wirklichen Leben, auch in der Literatur wird gelacht. Das kann man mit Hilfe von Beispielen für lange Zeit zurückverfolgen. Die Art des Lachens ist sicher von den Befindlichkeiten der Gesellschaft und der einzelnen Menschen abhängig. Merkt man das an den „Lachszenen" der Literatur?

Seit jeher hat Geschriebenes (Bücher im heutigen Sinne gab es ja erst recht spät) unter anderem den Zweck, die Menschen „zum Lachen zu bringen". Den Ratschlag, dafür zu sorgen, legt Cervantes in dem Vorwort zu Don Quijote einem Freund in den Mund: „Strebet auch danach, dass beim Lesen Eurer Geschichte der Schwermütige zum Lachen erregt werde, der Lachlustige noch stärker auflache." Dazu Rabelais: „Und ich will euch lachen machen. – Lachen! das ist Menschenrecht!"

Dieses Ziel hofft man meist dadurch zu erreichen, dass man „komische" Begebenheiten schildert. Das ist nicht einfach, denn es gibt keinen Konsens darüber, was man für „komisch" zu halten habe. Abgesehen davon: Sind Printerzeugnisse, die sich dieses Ziel setzen, überhaupt noch zeitgemäß? Oder lacht der Mensch von heute lieber anders als mit einem Buch in der Hand? Auch die technische Entwicklung spielt da eine Rolle.

Vielleicht verspricht der Buchtitel zu viel: Lachen steht in der Literatur fast nie im Vordergrund. Die Sekundärliteratur einschließlich „Kindlers Neues Literatur Lexikon" beweist das: In Kommentaren, Interpretationen, Rezensionen, die sich nicht von vornherein gezielt mit den Lachszenen befassen, ist vom Lachen oft schlechterdings keine Rede. Dessen sollte man sich, wenn man wie der Autor dieses Buchs oder andere zuvor nach Lachszenen förmlich fahndet, bewusst sein. Das Thema ist reizvoll, das darf aber nicht dazu führen, dass sich die Gewichte verschieben und dem Thema „Lachszenen in der Literatur" eine unrealistische Bedeutung beigemessen wird.

Vorab ist noch zu bemerken, dass eine Liste von rund 100 Beispielen in den Augen eines Statistikers eine nur geringe Aussagekraft hat. Die Zahl der jährlich neu erscheinenden Bücher wird – je nach der Berechnungsmethode - unterschiedlich angegeben, aber die Schätzung von jährlich 80.000 dürfte ungefähr stimmen. Da stellt eine kleine Auswahl von rund 100 Büchern kein ausreichendes Panel dar, dennoch kann sie aber geeignet sein, Tendenzen aufzuzeigen.

Das Spektrum ist sehr breit, es werden auch Außenseiter berücksichtigt, die in der einschlägigen Literatur bisher nicht beachtet wurden, aber auch Derartiges gehört dazu.

Bad Neuenahr-Ahrweiler, im Mai 2018

Falko Ritter

Hinweise

Wer der Sache auf den Grund gehen will, benötigt die Volltexte. Die Beschaffung aus Buchhandlungen oder Bibliotheken ist mühsam und zeitaufwändig. Allerdings lässt einen das Internet in der Regel nicht im Stich: Fast alles ist auf einer der folgenden Seiten zu finden:

- `http://gutenberg.spiegel.de/`

- `http://www.zeno.org`

- `http://digi20.digitale-sammlungen.de`

Die hier behandelten Literaturstellen sind kursiv wiedergegeben.

Da die einzelnen Werke meist in verschiedenen Ausgaben erschienen sind, werden bei den Zitaten nicht Seitenzahlen, sondern Kapitelüberschriften und Ähnliches genannt.

Ganz am Ende des Buches sind die Autoren der Werke alphabetisch aufgelistet, ggf. mit mehreren Fundstellen.

1 Theoretisches

1.1 Lachtheorien

Das Lachen wurde auch von Philosophen und Soziologen fast drei Jahrtausende lang beobachtet und kommentiert und hat deshalb einen theoretischen „Unterbau", der sich hier nicht einmal komprimiert wiedergeben lässt. Die folgenden kurzen Auszüge können aber einen Eindruck davon vermitteln, mit welchen Fragen sich die Autoren auseinandergesetzt haben und welcher Terminologie sie sich dabei bedienen.

Was nun das Lächerliche betrifft ..., so ist bereits in der „Poetik" dargelegt worden, wie viele Arten des Lächerlichen es gibt, von denen die eine sich für den freien Mann schickt, die andere dagegen nicht. Man mag also so auswählen, wie es zu einem jeden passt. Es steht aber die Ironie dem freien Manne eher zu Kopf als die Possenreißerei, denn (dabei) trägt er das Lächerliche zu seinem eigenen Vergnügen vor, der Possenreißer jedoch tut es zum Vergnügen anderer. (<u>Aristoteles</u>, Rhetorik, 1419b)

Es muss in allem, was ein lebhaftes, erschütterndes Lachen erregen soll, etwas Widersinniges sein (woran also der Verstand an sich kein Wohlgefallen finden kann). Das Lachen ist ein Affekt aus der plötzlichen Verwandlung einer gespannten Erwartung in nichts.
(<u>Immanuel Kant</u>, Kritik der Urteilskraft (1793), § 54, Anmerkung)

Meiner im ersten Bande ausgeführten Erklärung zufolge ist der Ursprung des Lächerlichen allemal die paradoxe und daher unerwartete Subsumtion eines Gegenstandes unter einen ihm übrigens heterogenen Begriff, und bezeichnet demgemäß das Phänomen des Lachens allemal die

*plötzliche Wahrnehmung einer Inkongruenz zwischen einem solchen Be-
griff und dem durch denselben gedachten realen Gegenstand, also zwischen
dem Abstrakten und dem Anschaulichen.* (Arthur Schopenhauer, Die Welt als Wille
und Vorstellung. Zweiter Band, Kapitel 8 – Zur Theorie des Lächerlichen (1892))

*Beim Lachen sind also nach unserer Annahme die Bedingungen dafür
gegeben, dass eine bisher zur Besetzung verwendete Summe psychischer
Energie der freien Abfuhr unterliege, und da zwar nicht jedes Lachen, aber
doch gewiss das Lachen über den Witz ein Anzeichen von Lust ist, werden
wir geneigt sein, diese Lust auf die Aufhebung der bisherigen Besetzung
zu beziehen.* (Sigmund Freud, Der Witz und seine Beziehung zum Unbewussten (1905))

*Das Lachen ist eine bestimmte soziale Geste, die eine bestimmte Art des
Abweichens vom Lauf des Lebens und der Ereignisse sichtbar macht und
gleichzeitig verurteilt.* (Henri Bergson, Das Lachen. Ein Essay über die Bedeutung des
Komischen (1914))

*Wo der Zyniker melancholisch-verächtlich lächelt, von der Höhe der
Macht und ihrer Illusionslosigkeit herab, ist es für den Kyniker bezeich-
nend, so laut und ungeniert zu lachen, dass die feinen Leute den Kopf
schütteln. Ihr Gelächter kommt aus den Eingeweiden, es ist animalisch
fundiert und gibt sich hemmungslos.* (Peter Sloterdijk, Kritik der zynischen Vernunft
(1983), Zweiter Band, S. 275 ff.)

*Gewiss enthält das Lachen in seinem Ursprung die Freude an einer
Beute oder Speise, die einem als sicher erscheint. Ein Mensch, der fällt,
erinnert an ein Tier, auf das man aus war und das man selber zu Fall gebracht hat. Jeder Sturz, der Lachen erregt, erinnert an die Hilflosigkeit des
Gestürzten; man könnte es, wenn man wollte, als Beute behandeln. Man
würde nicht lachen, wenn man in der Reihe der geschilderten Vorgänge
weitergehen und sich's wirklich einverleiben würde. Man lacht, anstatt es
zu essen.* (Elias Canetti, Masse und Macht (1960))

Man sieht: Theorien über das Lachen haben eine andere Qualität
als solche in den Naturwissenschaften. Sie lassen sich weder bestätigen (verifizieren) noch widerlegen (falsifizieren). Sie erfüllen

2

also nicht die Voraussetzungen, die z. B. von Popper für Theorien grundsätzlich aufgestellt werden. Er sieht in der „Falsifizierbarkeit" das „Kriterium des empirisch – wissenschaftlichen Charakters eines Theoriensystems". (Vgl. Popper, S. 47 ff. und 211 ff.)

1.2 Zur Interpretation des Lachens

Oft stellt sich im realen Leben die Frage, wie ein Lachen zu verstehen ist. Das ist beim Lachen in der Literatur nicht anders. (Beispiele siehe unten 2.5.3.) Lachen, real und in der Literatur, ist der Interpretation grundsätzlich zugänglich, oft auch bedürftig. Manchmal gibt es separate Veröffentlichungen, die eine Deutung anbieten.

Stephanie Stadelbacher schreibt: „Lachen kann nicht immer so einfach gedeutet und bewertet werden wie es scheint, schließlich ist Lachen plural, vielfältig, mehrdeutig, zweischneidig, zwiespältig. Damit bleibt das ‚Lachen an sich' in gewisser Weise rätselhaft und kann immer nur im konkreten soziokulturellen sowie situativen Kontext verstanden werden." (Stadelbacher, S. 114)

1.2.1 Nutzen von Interpretationen in der Literatur

Welchen Nutzen haben Interpretationen für den Leser? Der Zugang zur Literatur gestaltet sich je nach den konkreten Interessen des Lesers sehr unterschiedlich: Das Interesse am literarischen Werk kann – unabhängig vom Niveau desselben – entweder oberflächlich sein oder tiefer gehen. Der nur oberflächlich (am „Plot") Interessierte kauft ein Buch und liest es. Es gefällt ihm oder es gefällt ihm nicht. Er lobt das Buch und den Autor im Bekanntenkreis, kauft von demselben Autor erneut eines oder er unterlässt beides.

Bei tiefer gehendem Interesse befasst sich der Leser beispielsweise auch mit dem Klappentext und liest gegebenenfalls eine Rezension des Buches in seiner Tageszeitung. Dadurch bekommt die Lektüre für ihn ein wenig „Hintergrund". Der Profi liest natürlich noch gründlicher. Der Schwerpunkt liegt für ihn in der „Sekundärliteratur", also bei Texten über den Text. Das ist für das Verständnis nicht immer zwingend erforderlich, aber (vor allem bei „hermetischen" Texten) doch eine Hilfe. Hier denkt man beispielsweise an die unten besprochenen Werke von Hesse, Kafka, Broch und Ransmayr.

Welchen Nutzen haben Interpretationen für den Leser, vor allem, wenn Deutungen desselben Werks inhaltlich differieren?
Beispiele für Diskrepanzen der Interpretationen sind:

- 2.2.1 (6) James Krüss – Timm Thaler

- 2.5.1 (4) Georg Büchner – Lenz

- 2.8 (3) Heinrich Heine – Ein Weib

1.2.2 Vergleich: Interpretation auf dem Gebiet des Rechts

Ein Vergleich mit den Gegebenheiten der Interpretation in anderen Textwissenschaften bietet sich an, z. B. – der beruflichen Heimat des Autors entsprechend – in der Rechtswissenschaft. Hier ist die Situation ist eine ganz andere als bei der Literaturinterpretation:

In der Rechtswissenschaft und in der täglichen praktischen Rechtsanwendung entstehen auf zwei Ebenen Interpretationsnotwendigkeiten, nämlich einmal bei der Auslegung von Willenserklärungen, zum andern bei jener von Gesetzestexten. Bei einer „Willenserklärung" (Vertragsangebot, Kündigung) muss von dem Erklärenden natürlich nicht die juristische Fachsprache benutzt werden. Deshalb wird es oft nicht sofort deutlich, was der Erklärende zum Ausdruck bringen wollte. Für diesen Fall hält das Gesetz Auslegungsregeln bereit:

- § 133 Bürgerliches Gesetzbuch (BGB): „Bei der Auslegung einer Willenserklärung ist der wirkliche Wille zu erforschen und nicht an dem buchstäblichen Sinne des Ausdrucks zu haften."

4

- § 157 BGB: „Verträge sind so auszulegen, wie Treu und Glauben mit Rücksicht auf die Verkehrssitte es erfordern."

Auf einer anderen Ebene muss der Richter, der in einem Rechtsstreit zu einem Urteil kommen muss, wissen, wie eine bestimmte Formulierung des Gesetzes zu verstehen ist.

Hier ist die Situation für den Richter günstiger als bei der Literaturinterpretation: Für die Auslegung eines Gesetzestextes stehen die sogenannten Materialien zur Verfügung, das sind die das Gesetz vorbereitenden Drucksachen der gesetzgebenden Körperschaften (z. B. Bundestagsdrucksachen) einschließlich der Protokolle der Sitzungen der Ausschüsse und des Plenums. Außerdem gibt es „Kommentare" aus der Feder von Rechtswissenschaftlern oder, im Fall der „Referentenkommentare", der Mitarbeiter der für das Gesetz federführenden Ministerien. Das Rätsel, wie eine Gesetzesstelle zu verstehen ist, lässt sich also – entgegen einer weit verbreiteten Meinung – recht gut lösen. (Vgl. Larenz, Kapitel 4, Die Auslegung der Gesetze, S. 133 ff.)

Im realen Leben haben wir für die Deutung des Lachens eines Menschen, den wir lange und gut kennen, eine ungleich bessere Grundlage als bei einer Romanperson: Wir kennen seine Mimik und seine Körpersprache, der Anlass des Lachens kann zudem noch hinterfragt werden; es kann auch u.U. – von ihm selbst oder Beteiligten – im Nachhinein noch erläutert werden, wie ein bestimmtes Lachen verstanden werden kann.

Das alles fehlt im Romantext fast ganz. Grundlage der Interpretation können nur die verhältnismäßig wenigen Sätze sein, die der Autor über diese Person niedergeschrieben hat. Es sind über die Bedeutung eines Lachens also nur Mutmaßungen möglich, die mehr oder weniger plausibel, aber auch willkürlich und beliebig sein können.

In der Literatur gibt es den Text, sonst zunächst nichts. Ihn gehen wir an, vergleichend mit der sehr individuellen „Lacherfahrung", sowohl der eigenen als auch der bei anderen beobachteten. Die Handelnden sind Kunstfiguren, sie leben nur in den sie betreffenden Passagen des Werks. Wir kennen von ihnen nur die wenigen (künstlichen) Situationen, die uns der Autor schildert. Was aus ihnen nicht erschlossen werden kann, ist reine Spekulation. Spekulationen aber, die sich nicht auf den Text gründen, sind fehl am Platze. Lachen lässt sich aus „fiction" heraus nicht so interpretieren wie es das persönliche Umfeld, der Psychologe, Psychiater, Psychotherapeut mit dem real lebenden Menschen tun kann.

Es ist ähnlich wie beim „offenen Ende" im Film: Es ist müßig darüber nachzudenken, wie die Handlung wohl „zu Ende gegangen" ist. Der Autor hat die Schilderung der „fiction" an einer bestimmten Stelle abgebrochen. Es gibt kein „Ende", das uns der Autor lediglich verschwiegen hätte. (Christen, S. 14)

In Ausnahmefällen hat der Autor selbst das Werk schriftlich oder mündlich interpretiert, z. B. im Rahmen eines Briefwechsels (Beispiel: Marcel Proust, *Briefe zum Werk)* oder in einem Interview.

Es kann auch außerhalb des Werkes Fakten geben, deren Kenntnis für das Verständnis des Werkes hilfreich ist. Das gilt für historische Gegebenheiten oder auch den „Zeitgeist" der betreffenden Ära, in der das Werk entstanden ist. Es steht also nicht nichts zur Verfügung, aber doch weniger als im wirklichen Leben. Vgl. zur Problematik der Literaturinterpretation: Vogt, S. 45 ff.

1.2.3 Skepsis gegenüber dem Interpretieren

Gerade Schriftsteller stehen dem Interpretationswesen sehr skeptisch gegenüber:

Theodor W. Adorno: „Jeder Satz spricht: deute mich, und keiner will es dulden." <u>(Adorno (b)</u>, S. 255 f.)

Samuel Beckett: „No symbols where none intended". Die (schlechte) deutsche Übersetzung lautet: „Weh dem, der Symbole sieht." Besser wäre vielleicht: „Es muss nicht mit allem etwas gemeint sein". <u>(Beckett</u>, S. 271, Addenda, letzter Satz)

Luis Bunuel schreibt in seinen Erinnerungen *Mein letzter Seufzer* über seinen Film *„El Angel Exterminador" („Der Würgeengel")*: „Die Hausherrin hat auch noch einen anderen Gag mit einem Bären und zwei Schafen vorbereitet, über den man aber nichts Näheres erfährt – was einige Kritiker, die überall Symbole entdecken wollten, nicht davon abgehalten hat, in dem Bären den Bolschewismus zu sehen, der der von ihren Widersprüchen gelähmten kapitalistischen Gesellschaft auflauert." <u>(Bunuel,</u>S. 230)

„Ich verstehe nicht, warum manche Leute sich darauf versteifen, Bildern, die ich willkürlich erfunden habe, eine rationale Erklärung geben zu wollen. In *El Angel Exterminador* opfert Nobile das letzte Schaf; vorher nimmt er den Verband von seiner Stirn und umwickelt damit die Augen des Tieres. Darin liegt keinerlei Symbolik, selbst wenn viele in dieser Szene die 'Darbringung des Sühneopfers' sehen wollen." <u>(Bunuel</u>, zitiert nach Kreimeier aaO)

Hans Magnus Enzensberger: „ . . . die 'idée fixe von der ,richtigen Interpretation'. An dieser Wahnvorstellung wird mit unbegreiflicher Hartnäckigkeit festgehalten, obwohl ihre logische Inkonsistenz und ihre empirische Unhaltbarkeit auf der Hand liegen. Wenn zehn Leute einen literarischen Text lesen, kommt es zu zehn verschiedenen Lektüren. Das weiß doch jeder. In den Akt des Lesens gehen zahllose Faktoren ein, die vollkommen unkontrollierbar sind: die soziale und psychische Geschichte des Lesers, seine Erwartungen und Interessen, seine augenblickliche Verfassung, die Situation, in der er liest – Faktoren, die nicht nur absolut legitim und daher ernst zu nehmen, sondern die überhaupt die Voraussetzung dafür sind, dass so etwas wie Lektüre zustande kommen kann. Das Resultat ist mithin durch den Text nicht determiniert und nicht determinierbar. Der Leser hat in diesem Sinn immer recht, und es kann ihm niemand die Freiheit nehmen, von einem Text Gebrauch zu machen, der ihm passt." (Enzensberger (b), S. 33)

Schließlich bestätigt auch das kurze Stück *Ein eigenwilliger Autor* aus der Sammlung *Der Stimmenimitator* von Thomas Bernhard [2.3.1 (4)] eine Erfahrung, die jeder Theater- und Kinobesucher macht: Die Einschätzung, was geeignet ist, belacht zu werden und was nicht, ist nicht bei allen Besuchern der Vorstellung dieselbe, mag auch die Reaktion des Bernhard'schen Autors etwas übertrieben sein.

Umberto Eco: „Ein Erzähler darf das eigene Werk nicht interpretieren, andernfalls hätte er keinen Roman geschrieben, denn ein Roman ist eine Maschine zur Erzeugung von Interpretationen." (Eco, S. 9)

Susan Sontag beschreibt eine „werkkonservierende" Methode der Interpretation: „Die Interpretation ist eine radikale Taktik der Konservierung eines alten Textes, der für zu kostbar gehalten wird, als dass er einfach abgelehnt werden könnte, und der deshalb neu aufpoliert wird. Der Text wird durch den Interpreten nicht wirklich ausgelöscht oder neu geschrieben, wohl aber verändert. Freilich kann er das nicht offen zugeben. Er gibt vor, ihn nur verständlich zu machen, indem er seine wahre Bedeutung aufdeckt. Bis zu welchem Grade die Interpreten den Text auch ändern ... : sie müssen den Anspruch erheben, einen Sinn daraus abzulesen, der bereits vorgegeben ist." (Sontag (a), S. 14)

1.2.4 Leserhorizont und Leserinteresse

Schließlich ist auch zu bedenken: Für eine der positiven Folgen der Erfindung des Buchdrucks wird es gemeinhin gehalten, dass grundsätzlich jedermann in die Lage versetzt wurde, Bücher zu kaufen und zu lesen. Nun ist es ja durchaus in Ordnung, wenn ein Buch

8

bestimmte intellektuelle Anforderungen stellt, die unterschiedlich
hoch sein können. Ob man aber den Leser nicht manchmal überfordert, fragen sich die Autoren gelegentlich selbst. (Vgl. <u>Brochs</u> Kommentare
zu „Der Tod des Vergil", unten 2.4.3)

Auch Cervantes empfiehlt in seiner Vorrede zu Don Quijote den
Schriftstellern, darauf zu achten, dass der „Mann von einfachem
Verstande nicht Überdruss empfinde". (<u>Cervantes</u>, Vorrede)

Es sollte aber nicht erwartet werden, dass der Leser, der ein Buch
in der Hoffnung liest, es verstehen zu können, insgesamt über so
breite und tiefe Literaturkenntnisse verfügt, dass er beispielsweise
befähigt ist, mit Hilfe von Quervergleichen mit anderen Büchern
zu einer (angeblich) richtigen Auslegung zu kommen. Vielleicht
erwartet Stefan Busch diesbezüglich zu viel: Im Zusammenhang
mit der Interpretation von John von Düffels *Vom Wasser* [2.4.1 (4)]
denkt er darüber nach, ob der Gleichklang der „Lach-Stelle" mit
einer anderen eines anderen Autors, nämlich in Büchners *Lenz*
[2.5.1 (4)] vom „späteren" Autor von Düffel „intendiert" wurde
und was sich ggf. aus dieser Erkenntnis ergibt. Auf diese Weise
könnte Buchlektüre zu einem Reservat für einen esoterischen Zirkel
von Literaturwissenschaftlern werden. Das kann nicht der Sinn der
Sache sein. (Vgl. <u>Busch,</u> S. 186)

Wobei noch zu bemerken wäre: Auch die Sekundärliteratur kann
und soll beim Bücherleser grundsätzlich auf Interesse stoßen. Das
wäre freilich in noch höherem Maße der Fall, würde man berücksichtigen, was Rüdiger Zymner anlässlich des Todes von Robert
Gernhardt in einer Rezension des Gernhardtschen *Versuchs einer
Annäherung an eine Feldtheorie der Komik (1988)* schreibt:

„Gernhardt tummelt sich hier verblüffend leichtfüßig und überraschend selbstständig in einem Gebiet, in dem man eigentlich seit
Aristoteles nicht mehr viel Neues sagen kann – und wenn dies versucht wurde, so doch vielfach in einer derart gewunden-getragenen
Art, in einem derart großen Abstand von Theorie und Gegenstand,

ja in derart abschreckender Seriosität, dass die vergnügliche Praxis stets erheblich verlockender blieb als die steife Theorie. Anders nun Gernhardt! (Zymner aaO)

Gelegentlich nimmt das Interpretieren sogar nahezu skurrile Formen an: Die Sekundärliteratur über die Figur des Odradek in Kafkas *Sorge des Hausvaters* (1 ½ Druckseiten, knapp 3.000 Zeichen) hat einen sehr beeindruckenden Umfang. (Vgl. hierzu unten 2.5.3 (5) Franz Kafka – Die Sorge des Hausvaters)

1.2.5 Fazit

Angesichts dieses Befundes kann es als Ergebnis von Interpretationsversuchen im günstigen Fall nur halbwegs plausible Erklärungsmodelle geben. Das muss für den Leser kein Nachteil sein: Jeder hat sein eigenes Leseerlebnis. Interpretationen sind weder beweisbar noch widerlegbar.

Man muss es auch hinnehmen, wenn nach allen Versuchen der Interpretation Unklarheiten verbleiben. Tina-Karen Pusse hat Sympathie für eine „Lektürehaltung, die bestrebt ist, den Raum möglicher Deutungen möglichst lange offen zu halten und sich dabei nicht vor der Produktion von Aporien fürchtet, sie sogar als Sinneffekt des Textes fruchtbar zu machen bereit ist." (Pusse, S. 10 Fn. 8)

Zu einer ganzen Reihe von Texten liegen bereits von Profis des Literaturwesens verfasste Kommentierungen und Interpretationen vor. Viele davon werden im Folgenden zitiert. Auf solche, die wegen ihres Detaillierungsgrades oder ihres Duktus fast ausschließlich Literaturwissenschaftler ansprechen können, wurde verzichtet.

2 Lacharten

2.1 Beschreibungen und Adjektive

In den folgenden rund einhundert Textstellen wird gelacht. Mit dem Lachen wird der Leser allerdings auf sehr unterschiedliche Weise konfrontiert: Manchmal wird das Lachen nur schlicht erwähnt, oft wird es ausführlich und ausdrucksstark beschrieben, gelegentlich fast liebevoll. (Beispiele sind unten [5.1] zu finden.)

Es ist sinnvoll, die Lachszenen in Kategorien einzuteilen, denn es ist interessant, zu verfolgen, welche Art des Lachens (z. B. höhnisch, verzweifelt, schallend) in welcher Epoche und in welcher Intensität in der Literatur anzutreffen ist, vor allem aber, ob eine bestimmte Art des Lachens im Laufe der Zeit häufiger oder seltener dargestellt wurde.

Eine solche Einteilung kann sich – auch nur halbwegs zuverlässig – nur am äußeren Eindruck orientieren. Lachen kann über einen kommen und lässt sich kaum mehr bremsen, Lachen kann aber auch bewusst hervorgerufen und gesteuert werden, Mischformen sind möglich. Für den Betrachter der Szene gibt es also einen Unsicherheitsfaktor, wenn er das Lachen deuten und in ein grobes Raster einordnen will.

Joachim Ritter nennt für das Lachen u. a. die Adjektive ausgelassen, breit, dünn, frostig, gemein, gemütlich, grell, kalt, kichernd, laut, leise, offen, sanft, schneidend, schrill, spöttisch, still, stoßweise, traurig, unheimlich, verhalten, warm (Ritter, S. 66).

- Lothar Fietz fügt hinzu: frech, gezwungen, herzlich
  (Fietz (b), S. 7)

- Sebastian Neumeister: albern, glücklich, verlegen
  (<u>Neumeister</u>, S. 67)

- Heinrich Böll: gemäßigt, herzhaft, hysterisch, schwermütig,
  wild (<u>Böll</u>, S. 51 f.)

- Marius Reiser beobachtet im Alten Testament: freundlich-
  überraschtes, fröhlich-seliges, überlegen-verächtliches und
  unsicher-törichtes Lachen (<u>Reiser</u>, S. 28)

Man kann die Auswahl (es sind schon hier rund vier Dutzend)
noch weiter anreichern: anerkennend, blasphemisch, frei, höhnisch,
schadenfroh, teuflisch, verzweifelt.

Das zeigt: Soll Lachen durch ein Adjektiv näher beschrieben
werden, sind dem Einfallsreichtum Tür und Tor geöffnet. Gleichzeitig wird auch die Schwierigkeit einer Einteilung in „Kategorien"
deutlich, vielleicht ist eine konsensfähige sogar unmöglich. Eine
Grobsortierung, wie sie in diesem Teil 2 vorgenommen wird, soll
aber einen Überblick erleichtern und ist deshalb wohl doch sinnvoll.

Nicht alle Lacharten werden einen Eingang in die abschließen-
de Auswertung und Prognose finden, aber es bietet sich an, die
Lachszenen in der Literatur in einem möglichst breiten Spektrum
darzustellen und nichts von vornherein auszuklammern.

2.2 Positives Lachen

2.2.1 Positives Lachen, schallend

(1) Homer (um 800 v. Chr.) – Odyssee (ebenso)

Die altgriechischen Versepen *Ilias* und *Odyssee*, die in „Gesänge"
eingeteilt sind, werden einem Dichter Homer zugeschrieben. Die
persönlichen Daten Homers sind umstritten, eigentlich sogar, ob
es einen Mann dieses Namens überhaupt gegeben hat. Meist wird
angenommen, er habe um 800 v. Chr. gelebt (Klaus Joerden KNLL
Band 8 S. 19 ff.).

Mit Homers Werken *Ilias* und *Odyssee* haben heutzutage fast nur
noch die (wenigen) Schüler zu tun, in deren Schule Altgriechisch
unterrichtet wird. Vieles aus den beiden Epen, vor allem der Trojanische Krieg, wurde jedoch verfilmt, z. B.: *Troja* (2004), oder *Die
Fahrten des Odysseus* (1954).

Einer der Schauplätze dieser Epen ist der Götterhimmel Olymp.
Im Achten Gesang gibt der gehbehinderte Hephaistos (Gott der
Vulkane, des Feuers, der Schmiedekunst und der Architektur) den
anderen Göttern Anlass zum Lachen, und zwar wie folgt:

Aphrodite (Göttin der Liebe und Schönheit) betrügt seit einiger
Zeit ihren Mann Hephaistos mit dem Kriegsgott Ares, und das in
Hephaistos' und Aphrodites Ehebett. Hephaistos erfährt das. Er
bastelt ein über dem Ehebett hängendes Netz, das sich zur rechten
Zeit über die Ehebrecher senkt. So wird Hephaistos Zeuge des
Ehebruchs, er ruft die anderen Götter herbei:

Achter Gesang

Vater Zeus, und ihr andern, unsterbliche selige Götter!
Kommt und schaut den abscheulichen unausstehlichen Frevel:
...
Also sprach er. Da eilten zum ehernen Hause die Götter:
Poseidon kam, der Erdumgürter; und Hermes
kam, der Bringer des Heils; es kam der Schütze Apollon.
Aber die Göttinnen blieben vor Scham in ihren Gemächern.
Jetzo standen die Götter, die Geber des Guten, im Vorsaal;
Und ein langes Gelächter erscholl bei den seligen Göttern,
Als sie die Künste sahn des klugen Erfinders Hephaistos. ...
Also besprachen sich die Himmlischen untereinander.
Aber zu Hermes sprach Zeus' Sohn, der Herrscher Apollon:
Hermes, Zeus' Gesandter und Sohn, du Geber des Guten,
Hättest du auch wohl Lust, von so starken Banden gefesselt,
In dem Bette zu ruhn bei der goldenen Aphrodite?
Ihm erwiderte darauf der geschäftige Argosbesieger:
O geschähe doch das, ferntreffender Herrscher Apollon!
Fesselten mich auch dreimal so viel unendliche Bande,
Und ihr Götter sähet es an, und die Göttinnen alle:
Siehe so schlief' ich doch bei der goldenen Aphrodite!
Also sprach er; da lachten laut die unsterblichen Götter.
Nur Poseidon lachte nicht mit; er wandte sich bittend
Zum kunstreichen Hephästos, den Kriegsgott wieder zu lösen.
(Verse 306-309, 321-329, 333-345)

Dieser Stelle und einer weiteren in der Ilias verdankt eine bestimmte Art des Gelächters die Bezeichnung „homerisch".

Karl-Josef Kuschel, zuletzt Professor für Theologie an der Universität Tübingen, vermutet, dass der „Götterschwank" älter ist als die homerische Epik und zu einer uralten Schicht des Mythos gehört. Offensichtlich sei ein solches Lachen durchaus als mit der „Würde der Götter" vereinbar empfunden worden. (Kuschel, S. 30 f.)

14

(2) Giovanni Boccaccio (1313-1375) – Das Dekameron
(etwa 1349-1353; erste Druckfassung 1470)

Boccaccio gilt als Begründer der prosaischen Erzähltradition in
Europa. Sein *Decamerone* (deutsch meist: *Dekameron*), eine Sammlung von 100 Novellen, beschreibt die italienische Gesellschaft des
14. Jahrhunderts. Es ist zum Vorbild fast aller weiteren abendländi-
schen Novellensammlungen geworden. Der Titel *Decamerone* bedeutet „Zehn-Tage-Werk".

In vorgerücktem Alter erlebte Boccaccio eine religiöse Krise, die
ihn bewogen haben soll, einige seiner Werke, die er nun für unmo-
ralisch hielt, zu zerstören. Allerdings hat er noch wenige Jahre vor
seinem Tod selbst Abschriften seines Decamerone angefertigt.

Sebastian Neumeister tritt der Behauptung entgegen, dass die
Novellen des Dekameron realistische Schilderungen der im 14. Jahrhundert in Florenz herrschenden Lebensumstände seien. Sie stellten
"höchst kunstvoll konstruierte Fiktionen"dar. Vom Rahmen der Erzählungen werde sogar ausdrücklich dokumentiert, dass es sich um
Erzählungen handelt ... (Neumeister, S. 80 f.).

Die Rahmenhandlung ist im Jahr 1348 in einem Landhaus bei
Florenz angesiedelt. Dorthin sind sieben junge Frauen (Pampinea,
Filomena, Neifile, Fiammetta, Elisa, Lauretta, Emilia) und drei junge Männer (Filostrato, Dioneo, Panfilo) vor der Pest geflohen, die
Florenz heimgesucht hat. Im Landhaus wollen sie von der Krankheit verschont bleiben und versuchen, sich nach Möglichkeit gut zu
unterhalten.

Lothar Fietz stellt fest, im Decamerone werde in einer Exklave
und einer zeitlich begrenzten Ausnahmesituation gelacht, die vor
dem Hintergrund der Situation von Tod und Vergänglichkeit zu
sehen sei. Lachen erscheine so für eine gewisse Zeit als Zeichen
einer Entspannung durch künstlerische Fiktionen, durch die bei
den zehn jungen Leuten Lachen stimuliert werde. (Fietz (d), S. 252)

Jeden Tag wird von einem der Teilnehmer, der dann als „Königin"
oder „König" bezeichnet wird, ein Thema vorgegeben. Zu diesem
muss sich jeder eine Geschichte einfallen lassen und erzählen. Nach
zehn Tagen und zehnmal zehn Novellen kehrt die Gruppe wieder
nach Florenz zurück.

Im Dekameron wird sowohl in der Rahmenerzählung gelacht, in
der sich die zehn jungen Menschen miteinander unterhalten, als
auch in vielen der hundert Geschichten.

Aus den erzählten Geschichten

Erster Tag, Erste Geschichte:
(Chapelet täuscht einen Pater durch eine falsche Beichte und stirbt.
Zwei Brüder hatten eine Gelegenheit gefunden, die Beichte heimlich
zu belauschen.)
*Die beiden Brüder hatten sehr gefürchtet, Chapelet werde sie täuschen,
und sich deshalb der Bretterwand nahe gesetzt, welche die Kammer, in
welcher der Kranke lag, von der anstoßenden trennte. Hier hatten sie die
ganze Beichte belauscht und bequem verstanden, was Chapelet dem Mön-
che gesagt. Mehr als einmal reizten die Geschichten, die sie ihn beichten
hörten, sie so sehr zum Lachen, dass wenig daran fehlte, so wären sie damit
herausgeplatzt.*

Achter Tag, Neunte Geschichte:
(Bruno und Buffalmacco treiben üble Scherze mit dem Arzt Simon.)
*Als Bruno den Doktor hörte und diese Frage ihm wieder so eine von
seinen vielen törichten und albernen zu sein schien, fing er an zu lachen
und nahm sich vor, ihm so zu antworten, wie es seine Einfalt verdiente. ...
Bruno hatte solch ein Verlangen zu lachen, dass er sich fast nicht halten
konnte; doch bezwang er sich.*

Aus der Rahmenhandlung

Die zehn jungen Menschen wollen auf dem Land von den Ge-
schehnissen in der Stadt Abstand gewinnen. Anlässe, lachen zu

können, kommen ihnen deshalb gelegen. Die von einer Geschichte zur nächsten überleitenden Passagen zeigen, dass das gelungen ist. Darin wird u. a. berichtet, wie die Zuhörer die gerade erzählte Geschichte aufgenommen haben:

Zweiter Tag, zu Beginn der zweiten Geschichte:
Über die Schicksale des Martellino, wie Neifile sie erzählt hatte, lachten die Mädchen von ganzem Herzen; unter den Männern am meisten aber Filostrato, den die Königin als nächsten Erzähler bestimmte.

Zweiter Tag, zur zehnten Geschichte:
Die Erzählung hatte der ganzen Gesellschaft so viel zu lachen gegeben, dass keiner war, dem nicht die Kinnladen davon wehgetan hätten.

Fünfter Tag, zur fünften Geschichte:
Über die Geschichte von der Nachtigall hatten die Mädchen, während Filostrato erzählte, so sehr gelacht, dass sie auch nun, da er zu reden aufgehört hatte, des Lachens kein Ende finden konnten.

Sechster Tag, Einleitung:
Während Licisca [eine Bedienstete des Landhauses] noch also redete, verführten die Damen solch lautes Gelächter, dass man ihnen hätte bequem sämtliche Zähne ausziehen können.

Sechster Tag, zur achten Geschichte:
Die Geschichte, die Filostrato erzählt hatte, erregte anfangs in den Herzen der zuhörenden Mädchen ein wenig Scham, was die sittsame Röte bewies, die ihre Wangen färbte. Allmählich aber schielte eine nach der andern, und sie hörten dem Verlauf der Geschichte lächelnd zu, sich des lauten Lachens nur mit Mühe enthaltend.

Siebenter Tag, zur neunten Geschichte:
Neifiles Geschichte hatte allen so gefallen, dass die Damen nicht aufhören konnten, sie zu belachen und darüber zu sprechen, obschon der König mehrere Male Stillschweigen gefordert hatte.

Achter Tag, zur zehnten Geschichte:
Man braucht nicht zu fragen, wie sehr verschiedene Stellen in der Geschichte der Königin die Damen zum Lachen gereizt hatten. Keiner unter ihnen waren vor unmäßigem Gelächter weniger als ein dutzendmal die Tränen in die Augen gekommen.

Es fällt auf, dass das Lachen sowohl in den erzählten Geschichten als auch in der Rahmenhandlung von starken körperlichen Reaktionen begleitet wird: „fast herausgeplatzt", „Maulsperre", „sich nicht halten können", „so lachen, dass man alle Zähne hätte ausziehen können", schmerzende Kinnladen, mit dem Lachen nicht aufhören können, Tränen in den Augen.

Zu dem unterschiedlichen Lachen der jungen Männer und der jungen Frauen: Die von einem zum nächsten Tag überleitenden Texte lassen den Schluss zu, dass die Frauen in einigen Fällen stärker (Zweiter Tag, Zweite Geschichte; Sechster Tag, Einleitung; Achter Tag, Zehnte Geschichte) oder anders („verschämter", Sechster Tag, Achte Geschichte) gelacht haben als die Männer.

In diesem Zusammenhang ist die Berliner Dissertation von Barbara Merziger aus dem Jahr 2005 *Das Lachen von Frauen im Gespräch über Shopping und Sexualität* von Interesse. Aus der Zusammenfassung der Dissertation:

„Lachen wird hier aus dem Zusammenhang von Komik und Humor herausgelöst, der Geschlechtsaspekt als ein wesentlicher Faktor in die Analyse mit einbezogen. – Als Ergebnis der Studie kann festgehalten werden, dass das weibliche Lachen ein multifunktionelles Phänomen darstellt, das äußerst differenziert und gezielt eingesetzt wird. – Altersspezifisch zeigten sich die über 60jährigen Frauen bis in die Körpersprache an traditionelle Wertvorstellungen gebunden, während alle anderen interviewten Frauen laut und ausgiebig lachten und offensichtlich keiner äußeren Verhaltensvorschrift mehr unterlagen." (Merziger, S.259 ff.)

18

(3) William Shakespeare (1564-1616) –
Was Ihr wollt (1601, Erstdruck 1621)

Natürlich wird auch in Schauspielen gelacht, sei es, weil der Regisseur es so möchte, sei es wegen des Textverständnisses des Schauspielers, oft wird aber im Text das eigene Lachen oder das der Bühnenpartner außerdem ausdrücklich kommentiert. Man spricht dann von „ausgestelltem Lachen".

„Ausgestellt wird es schon dadurch, dass die Figuren nicht einfach lachen, sondern ihr eigenes Lachen oder das ihrer Bühnenpartner (und implizit auch das der Zuschauer) ausdrücklich kommentieren. Oft wissen wir überhaupt nur über solche Kommentare, dass an einer bestimmten Stelle von einer bestimmten Figur gelacht wird, womit die Kommentare dann auch die Funktion einer indirekten Bühnenanweisung erfüllen, ..." (Pfister, S. 222).

Zwei Aufzüge des Schauspiels *Was ihr wollt (The Twelfth Night)* sind hierfür Beispiele.

Im Mittelpunkt dieser Szenen steht Malvolio: Olivias Kammermädchen Maria, der Narr Feste und Tobias spielen dem Haushofmeister Malvolio einen fingierten Brief in die Hände. Malvolio vermutet, dass Olivia die Schreiberin ist und ihm darin ihre Liebe gesteht. Malvolio befolgt die Andeutungen der vermeintlichen Briefschreiberin, macht sich mit seiner Kleidung lächerlich, sucht seinerseits mit seinem Mienenspiel Olivia seiner Liebe zu versichern und beträgt sich dabei so albern, dass man ihn schließlich für verrückt hält und einsperrt.

Zweiter Aufzug (in Olivias Garten)
Malvolio tritt auf und findet den Brief.

Malvolio: *So wahr ich lebe, das ist meines Fräuleins Hand. . . . . "Dem unbekannten Geliebten dies und meine freundlichen Wünsche ..."Das ist ganz ihr Stil ... ... Denn aller Sinn hier weist darauf hin, dass meine Herrin mich liebt. Sie lobte neulich meine gelben Strümpfe, sie rühmte meine Kniegürtel. Und hier gibt sie sich meiner Liebe kund und nötigt mich durch eine Art von Befehl zu diesen Trachten nach ihrem Geschmack. ... Hier ist noch eine Nachschrift. "Du kannst nicht umhin mich zu erraten. Wenn du meine Liebe begünstigst, so lass es in deinem Lächeln sichtbar werden. Dein Lächeln steht dir wohl, darum lächle stets in meiner Gegenwart, holder Liebling, ich bitte dich ...", ich danke euch! Ich will lächeln, ich will alles tun was du verlangst.*

Malvolio geht ab. Maria tritt auf.

Maria: *Wenn ihr denn die Frucht von unserm Spaß sehen wollt, so gebt acht auf seine erste Erscheinung bei dem gnädigen Fräulein. Er wird in gelben Strümpfen zu ihr kommen, und das ist eine Farbe, die sie hasst, die Kniegürtel kreuzweise gebunden, eine Tracht, die sie nicht ausstehen kann, und er wird sie anlächeln, was mit ihrer Gemütsverfassung so schlecht übereinstimmt, da sie sich der Melancholie ergeben hat, dass es ihn ganz bei ihr heruntersetzen muss. Wenn Ihr es sehen wollt, so folgt mir.*

Dritter Aufzug – Zweite Szene
Maria berichtet vom Erfolg der „Briefaktion".

Maria: *Wollt ihr Milzweh haben und euch Seitenstechen lachen, so kommt mit mir. Der Pinsel Malvolio ist ein Heide geworden, ein rechter Renegat. Denn kein Christ, der durch den wahren Glauben selig zu werden hofft, glaubt jemals einen solchen Haufen abgeschmacktes Zeug. Er geht in gelben Strümpfen.*

Lothar Fietz: „Wie immer bei Shakespeare sind die Anweisungen für die Schauspieler nicht Szenenanweisungen, sondern im Dialog selbst enthalten. Die implizite Regieanweisung besagt, dass die drameninternen Beobachter Malvolios sich ‚kaputtlachen' sollen, oder, wörtlich übersetzt, bis sie ‚Seitenstiche bekommen'. (Fietz [c], S.193)

Walter Haug: „Man kann ... den Bericht der Maria über Malvolio in Twelfth Night ... als so überwältigende Lachkaskade inszenieren, dass nicht nur die Kontrahenten auf der Bühne, Sir Toby, Sir Andrew und Fabian, sondern auch die Zuschauer im Parkett auf den Rängen sich ihr nicht zu entziehen vermögen. (Haug, S.54)

(4) Miguel de Cervantes Saavedra (1547-1616) – Don Quijote (1605-1615)

Der Name des *„sinnreichen Ritters von der Mancha"* wird unterschiedlich geschrieben, heute meist *Don Quijote*. „Don Quixote" entspricht älterer Schreibweise, „Don Quichotte" der französischen. Ritterromane waren im Mittelalter sehr beliebt. Sie erfreuten sich großer Nachfrage, insbesondere bei den „bildungsferneren" Schichten. Zu den bekanntesten und erfolgreichsten Werken dieser Art zählt *„Der sinnreiche Ritter Don Quixote von der Mancha"*. Die Gestalt Don Quijote soll nicht nur die Ritterromane parodieren, sondern auch vor Augen führen, wie deren übermäßige Lektüre den Verstand schädigt. In der „Vorrede" gibt Cervantes den Schriftstellern Ratschläge:

Strebet auch danach, dass beim Lesen Eurer Geschichte der Schwermütige zum Lachen erregt werde, der Lachlustige noch stärker auflache, der Mann von einfachem Verstande nicht Überdruss empfinde, der Einsichtsvolle die Erfindung bewundere, der sinnig Ernste sie nicht missachte und der Kenner nicht umhin könne, sie zu loben.

Frank Baasner stellt fest, es sei angesichts der reichhaltigen Menge an Sekundärliteratur merkwürdig, dass nur wenige Studien speziell dem Phänomen des Gelächters gewidmet sind, das im Don Quijote gewiss keine geringe Rolle spiele (Baasner, S. 179).

Erster Teil, 2. Kapitel
Erste Ausfahrt des Don Quijote.

*Die Dirnen schauten ihn an und suchten mit den Augen hin und her
nach seinem Gesicht, das das schlechte Visier zum Teil verdeckte; aber da
sie sich Jungfrauen nennen hörten, ein so ganz außerhalb ihres Berufs
liegendes Wort, konnten sie das Lachen nicht zurückhalten, und es war
so arg, dass Don Quijote in Zorn geriet und ihnen sagte: „Gut steht
Höflichkeit den Schönen, und zudem ist zu große Einfalt das Lachen, das
aus solcher Ursache entspringt."*

Erster Teil, 20. Kapitel
Von dem Abenteuer, das kein anderer Ritter auf Erden mit so wenig
Gefahr bestanden hätte wie Don Quijote.
(Don Quijote und Sancho hören Geräusche und befürchten, dass
ihnen Gefahr droht. Sie stellen dann aber fest, dass es sich lediglich
um das Klappern handelt, das von einer Mühle ausgeht.)

*… Auch Don Quijote schaute seinen Knappen an und sah, dass er die
Backen aufgeblasen und den Mund zum Lachen verzogen hatte, mit un-
verkennbarem Anzeichen, dass er herausplatzen wolle; und sein Trübsinn
vermochte doch nicht so viel über ihn, dass er beim Anblick Sanchos das
Lachen hätte unterdrücken können. Wie aber Sancho bemerkte, dass sein
Herr den Anfang gemacht hatte, ließ er sich freien Lauf, so unaufhaltsam,
dass er sich mit beiden Fäusten die Seiten halten musste, um nicht vor
Lachen zu bersten.*

Erster Teil, 21. Kapitel
Don Quijote hält eine Barbierschüssel für einen Turnierhelm.

*Als Sancho die Barbierschüssel einen Turnierhelm nennen hörte, konnte
er das Lachen nicht unterdrücken; aber es kam ihm die Zornmütigkeit
seines Herrn in den Sinn, und er hielt mitten in seiner Heiterkeit inne. –
„Worüber lachst du, Sancho?" fragte Don Quijote. – „Ich lache", antwortete Sancho, „weil ich an den großen Kopf des Heiden denke, der diesen
Helm besaß, welcher nichts anderem als einer Barbierschüssel aufs Haar
gleichsieht."*

„Wenn Sancho im Quijote über die Umdeklarierung der Barbier-schüssel in den Helm von Mambrin lacht und Don Quijote damit zu abstrusen Begründungen des so gar nicht helmähnlichen Aussehens anregt, dann handelt es sich nicht nur um das an sich wiederum lächerliche Lachen eines Narren über den anderen, sondern auch um die Erhebung des Lachens zu einem Impuls für weitere, noch geistreich-komischere Sprachhandlungen." (Niemeyer, S. 7)

Zweiter Teil, 31. Kapitel
Es geht um viele und wichtige Dinge.

Nachdem ihm die Waffen abgenommen waren, stand Don Quijote in seinen engen Kniehosen da und in seinem gemsledernen Wams, hager, lang und dürr, mit Backenknochen, die von innen einander zu küssen schienen – eine Gestalt, dass die Mädchen, die ihn bedienten, wenn sie sich nicht ganz gehörig in acht genommen hätten, um das Lachen zu verbeißen – was eine der ausdrücklichen Vorschriften war, die ihre Herrschaft ihnen erteilt hatte –, vor Lachen gewiss hätten bersten müssen.

Zweiter Teil, 32. Kapitel
Don Quijote antwortet einem Kritiker.
[Im 31. Kapitel werden Don Quijote und Sancho zu einem Herzog und einer Herzogin auf deren Schloss eingeladen. Dort ist auch der Hofgeistliche zugegen. Dieser äußert – nunmehr im 32. Kapitel – sein Befremden über die Freundlichkeit, mit der Don Quijote und Sancho behandelt werden.]
Ohne ein Wort weiter zu sagen, ging er von dannen, ohne dass die Bitten des Herzogs und der Herzogin ihn zurückzuhalten vermochten; allerdings sagte der Herzog nicht viel, denn er erstickte schier an dem Lachen, zu dem der ungebührliche Zorn des Geistlichen ihn gereizt hatte. Als er sich endlich satt gelacht, sprach er zu Don Quijote: „Herr Löwenritter, Ihr habt so großartig für Euch geantwortet, dass Euch nichts mehr zu tun bleibt zur Abwehr dieser scheinbaren Beleidigung, die in Wirklichkeit gar keine ist, denn so wenig ein Weib beleidigen kann, so wenig kann es ein Geistlicher, wie Euer Gnaden am besten weiß. . . . "

[Nach Ende der Mahlzeit erscheinen drei „Fräulein" und seifen
Don Quijote – als Schabernack, wie sich dann herausstellt – wie zu
einer Rasur ein, aber nicht nur der Bartpartie, sondern auch des
ganzen Gesichts, Don Quijote muss deshalb die Augen schließen.
Eine der jungen Frauen gibt vor, deshalb noch weiteres Wasser ho-
len zu müssen und entfernt sich, kommt aber nicht so bald wieder.]

*Sie tat es, und Don Quijote saß nun da mit dem seltsamsten und
lächerlichsten Aussehen, das man sich nur denken kann. Alle Anwesenden,
und deren waren viele, starrten ihn an, und wie sie ihn so ... sahen, die
Augen geschlossen, den Bart voll Seife, da war es ein großes Wunder
und eine seltene Selbstüberwindung, dass sie das Lachen zu verbeißen
vermochten.*

(5) Arthur Rimbaud (1854-1891) – Ein Herz unter der Soutane.
Vertrauliche Aufzeichnungen eines Klosterschülers (1870/1924)

Dieser Text, wikipedia nennt ihn ein *„als Satire gedachtes fiktives
Tagebuch eines naiv verliebten angehenden Priesters"*, stammt aus dem
Jahre 1870. Lange Zeit war er, wohl wegen seines antiklerikalen
Tons, nur wenigen bekannt. Erst 1924 kam es auf Initiative von
André Breton und Louis Aragon zu einer Veröffentlichung. Rim-
baud hat in diesem Text seine Erfahrungen mit den Seminaristen
verarbeitet, die mit ihm das Collège von Charleville, Rimbauds
Geburtsort, besucht haben.

Der Erzähler ist für das Mädchen Thimothina Labinette entbrannt.
Die Szene spielt bei einem nachmittäglichen Zusammensein im
Priesterseminar, einige angesehene Bürger und auch Thimothina
sind zugegen. Was die Anwesenden zu den geschilderten Lach-
ausbrüchen („Zerspringen vor Lachen", „dröhnendes Gelächter")
bewegt hat, ist für den heutigen Leser nicht so recht erkennbar. Der
Erzähler liest einen Text vor:

Es schläft in seinem Baumwollnest
Der süße Zephir tief und fest.
Er schläft mit sanftem Atemhauch
In seinem seiden' Nesterbauch.

Die Anwesenden prusteten los: Die Herren lehnten aufeinander. Sie lachten Tränen und machten dumme Witze. Aber viel schrecklicher war die Frau Sakristan, die mit verdrehten Augen und abscheulichen Zähnen dem Himmel zulächelte, als sei sie eine Verrückte. Doch Thimothina, Thimothina! sie zersprang fast vor Lachen! Es versetzte mir den Todesstoß: Thimothina hielt sich die Seiten! ... „Ein süßer Zephir in der Baumwolle! – das ist köstlich! das ist köstlich! ...!" schnüffelte Vater Césarin.- Doch dieses dröhnende Gelächter dauerte nur eine Sekunde: alle bemühten sich, wieder erst zu werden, aber immer aufs neue pupte es heraus ... "Fahren Sie fort, junger Mann, es ist wirklich gut, sehr gut."

(6) James Krüss (1926-1997) – Timm Thaler oder Das verkaufte Lachen (1962)

Die Handlung des Kinder- und Jugendbuchs *Timm Thaler oder Das verkaufte Lachen* ist letztlich schlicht: Timm Thaler kann unwiderstehlich lachen. Baron Lefuet kauft ihm das Lachen ab. Dafür wird Timm künftig jede Wette gewinnen. Ohne sein Lachen wird er aber immer einsamer. Seine Freunde bemühen sich, ihm wieder zu seinem Lachen zu verhelfen.

Der vierte Tag – Zwanzigster Bogen – Klarheit in Athen

Nichts auf der Welt ist so einfach, dass man es mit einem Satz erklären könnte", antwortete Lefuet. „Und was das Lachen für den Menschen bedeutet, das, mein lieber Herr Thaler, weiß überhaupt niemand genau. Timm erinnerte sich plötzlich an eine Bemerkung Jonnys und wiederholte sie halb für sich, aber laut genug, dass der Baron sie verstehen konnte: „Lachen ist Freiheit nach innen."

Der fünfte Tag – Sechsundzwanzigster Bogen – Margarine

Timm soll fotografiert werden. *Kaum hatte Timm das letzte Wort gesagt, als Lefuet seinen Kopf wieselflink unter das schwarze Tuch steckte... Timm fühlte eine unbezwingbare Lust zu lachen und – lachte. Das kullerte aus dem Bauch herauf, kitzelte in der Kehle und entlud sich in einem so fürchterlichen Gelächter, dass der Bauch schmerzte und die Augen sich mit Wasser füllten.*

Der sechste Tag – Siebenundzwanzigster Bogen – Ein Jahr im Fluge

Und überall, wo ihr Flugzeug landete, hörte Timm auf den Straßen das Gelächter der Welt: Er hörte das Lachen der Schuhputzer von Belgrad und der Zeitungsjungen in Rio; die Blumenhändler von Honolulu lachten wie die Tulpenfrauen in Amsterdam; es lächelte der Kesselschmied von Istanbul wie der Wasserverkäufer in Bagdad; man kicherte und scherzte auf den Brücken von Prag genauso wie auf den Brücken von Leningrad; und im Theater von Tokio klatschte und lachte man nicht anders als im Theater auf dem Broadway in New York.

Der siebente Tag – Zweiunddreißigster Bogen – Hintertreppen

Er ergriff nicht Besitz von seinem alten Lachen: Das Lachen ergriff von ihm Besitz... Er lachte nicht: Ihm geschah das Lachen. Er war seinem Glück ausgeliefert. Und wenn er damals im Marionettentheater bemerkt hatte, wie ähnlich sich die Gebärden des Lachens und des Weinens sind, so erfuhr er jetzt, dass Lachen und Weinen auch im Wesen manchmal kaum voneinander zu unterscheiden sind. Timm lachte und weinte in einem.

Timms Lachen ist die formale Klammer für die Handlung des Buches. Man erfährt, Timms Lachen, 'ein Lachen, das tief aus dem Bauch heraufzukommen schien und mit einem Schlucker endete' sei 'unwiderstehlich', mehr und Näheres wird zum Wesen dieses Lachens und zu seinen konkreten Anlässen eigentlich nicht gesagt. Die Darstellung des Lachens (am sechsten Tag) in verschiedenen

Teilen der Welt berücksichtigt nicht, dass Lachen ethnisch durchaus unterschiedlich ist.

Das Buch wurde 1979 einer 13teiligen Fernsehserie, 2002 einer 26teiligen Animationsserie, 2009 einer Theaterinszenierung (Theater an der Parkaue in Berlin) und 2017 einem Spielfilm zugrunde gelegt.

Die Botschaft des Buches ist es wohl, dass Geld alleine nicht glücklich macht. Die Interpretationen reichen von Kapitalismuskritik bis zur Spekulation, es handele sich um das Psychogramm eines missbrauchten Kindes. (Antje Schmelcher, FAZ vom 21. Oktober 2012)

(7) Günter Grass (1927-2015) – Der Butt (1977)

Der Butt behandelt auf mehreren Erzählebenen die Geschichte der Menschheit von der Jungsteinzeit bis zur Gegenwart, insbesondere das Verhältnis zwischen Mann und Frau. Der Butt ist ein sprechender Fisch, den Grass/der Erzähler in einer fiktiven von Frauen durchgeführten Gerichtsverhandlung als Berater und als Vertreter der Interessen der Männer einsetzt.

Das Kapitel *'Der Vatertag'* spielt am Himmelfahrtstag im Berliner Grunewald. Der Text *Vatertag* ist auch separat erschienen, er umfasst 96 Seiten. Er geht auf das Mann-Frau-Thema des Romans Der Butt auf besondere Weise ein: Vier Freundinnen, Billy, Fränki, Siggi und Mäxchen, wollen unbedingt als Frauen und nach ihren Vorstellungen diesen Vatertag feiern. ... *Sie tranken nur noch Bier aus der Flasche und Schnäpse in Unmengen, kleideten sich wie es sich für einen echten Mann gehört. ...*

Ungefähr zu Beginn der zweiten Hälfte des Textes findet eine wahre Lachorgie statt. Sie findet ihren Gegensatz im letzten Drittel, einer grauenvollen Tötungsszene: Der Vatertag endet damit, dass Billy von einer Horde von vatertagfeiernden, *'sieben schwarzgelederten Hechten'*, mit ihren Motorrädern überrollt und getötet wird.

Im Achten Monat – Vatertag

Gab das ein Gelächter! Fränkis wiehernde Fuhrmannslache. Siggi zeigte beim Lachen beide Zahnreihen geschlossen. Das Mäxchen wälzte sich glucksend und presste die Oberschenkel gegeneinander, wie es sonst nur Pipimädchen tun. Breitbeinig stand Billy und schickte dem Feind Lachsalven nach.

Eine trockene, sich selbst infizierende Lache. Und womöglich wirkte das Gelächter der vier Helden fernwirkend ansteckend, denn auch vom anderen Seeufer wehten Lachfetzen. Überall an den Seen, unter Bäumen, vereinsstark an Tischen wurde gelacht, wenn auch aus anderen Gründen. Humor stand auf der Tagesordnung. Herzhaftes Männerlachen. Schenkel- und Schulterklopfen. Mal richtig so wieder aus voller Brust. Verschluck dich nicht, alter Junge. Ist ja zum Totlachen. Ich lach mich kaputt.

Doch so laut, verhalten, herzhaft und tränentreibend die zehn-, nein hunderttausend Männer ihren Vatertagshumor bewiesen, jene zwei schwarzen Engel, die auf ihren überzüchteten Motorrädern zu Zeugen des großen Gelächters wurden, wollten nicht lachen, mitlachen oder auch nur ein kleines verhuschtes Lächeln aufsetzen.

Eine so dichte Lachszene ist in der Literatur nicht oft zu finden. Der Leser fühlt förmlich, dass das kein gutes Ende nehmen kann. Er wird durch das grausame Ende der Schilderung bestätigt.

„Der für Grass typische offene Schluss (des *Butt*) kann sowohl als Signal für eine Zeitenwende angesehen werden als auch als Indiz für eine geschichtspessimistische Sicht, nach der sich menschliches Leiden zyklisch wiederholen muss. Dies wird auch im extrem kruden achten Kapitel 'Vatertag' deutlich, in dem fanatische Feministinnen einem pervertierten männlichen Gewalthabitus nacheifern. (Bernhard Setzwein KNLL 6. Band S. 796 f.)

(8) Botho Strauß (* 1944) – Der junge Mann (1984)

Der Roman *„Der junge Mann"* von Botho Strauß wird von Kritikern u. a. als „sein rätselhaftester" bezeichnet. Aus den Ankündigungen des Verlags:

Die Personen dieses Romans sind allesamt Grenzgänger, die sich bewusst in eine andere Zeit hinübergleiten lassen oder unbewusst hinübergezogen werden. In jedem Falle wachen sie in Räumen auf, wo die Gesetze der Zeit wechseln, wo sie Opfer erotischer Metamorphosen werden oder Zuschauer ihrer eigenen verdrängten Geschichte.

Im letzten Kapitel *Der Turm* treffen die Titelfigur Leon Pracht und seine Freundin Yossica mit Ossia, einem berühmten Komiker und langjährigen Bekannten Leons, zusammen. Ossia war früher Schauspieler, jetzt ist er Regisseur und Comedian. Der 'Turm' ist der 'Tower', in dem sich Ossias Hotel-Dauer-Unterkunft befindet. Sie gewinnen Einblicke in das Innenleben eines Mannes der Filmbranche.

Ossia beklagt sich über eine „eigenartige Gemütsmode" seiner jungen Mitarbeiter. Positives Lachen ist ihnen fremd, sie lachen nur noch aus sinnfreien Anlässen, das hält er für infantil.

Neulich saßen sie zu fünft nebenan um meinen Tisch und sagten stundenlang Abzählreime auf. Sangen Wiegenlieder. Spielten Häschen in der Grube und Blinde Kuh. Und das treiben sie gewöhnlich so lange, bis sich bei allen ein nebliges Wohlbehagen einstellt. ... Diese infantilen Gemüter können überhaupt nur noch lachen, wenn einer die Zunge rausstreckt oder auf die eigne Nasenspitze schielt.

Während der Rückfahrt denken sie über die Erwartungen des Publikums gegenüber einem Comedian nach:

Leon: *Ossia ist noch mit jedem recht zufrieden, der ihn komisch findet...
Und wenn dann ein voller Saal über den Menschenfeind wie aus einem
Halse lacht, dann stiftet der als erstes doch Gemeinsamkeit und läutert
all die kleinen Möchtegerns der Misanthropie zu vereinigten Mitmenschen.*

Yossica: *Du findest also Lachen wirklich so mitmenschlich? Ich meine
eher, dass ein Lachen aus vollem Hals immer wehrhaft wirkt und aggressiv.
Nur unser Lächeln ist für den Mitmenschen da. Es ist uns ursprünglich
an den Körper gegeben, um den Fremden versöhnlich zu stimmen. Das
große Lachen aber, scheint mir, ist zuerst nur freche Selbstbehauptung,
vom Lächeln eine grundverschiedene Regung. Die Sprache hätte es besser
unterscheiden sollen.*

In der Literatur ist das Lächeln gegenüber dem Lachen bisher
in der Tat zu kurz gekommen. Lächeln ist durchaus nicht nur eine
kleinere Variante des Lachens. Plessner widmet in der ‚Philosophischen Anthropologie' dem Lächeln einen eigenen umfangreichen
Beitrag und in der Publikation des Bischöflichen Dom- und Diözesanmuseums Mainz ‚Seliges Lächeln und höllisches Gelächter'
(siehe Wilhelmy) wird auf den Unterschied zwischen Lachen und
Lächeln ausführlich eingegangen.

2.2.2 Positives Lachen, verhalten

In dieser Rubrik sollen verschiedene Beispiele positiven Lachens zusammengefasst werden, in denen nicht wie in 2.2.1 „schallend" gelacht wird, sondern „verhalten" im Sinne von „gezügelt".

(1) Dante Alighieri (1265-1321) – Göttliche Komödie (ca. 1290-1320)

Dante Alighieri hat mit der Göttlichen Komödie das bis dahin in der Literatur dominierende Latein überwunden und das Italienische zu einer Literatursprache gemacht. Der ursprüngliche Titel *Commedia* wurde nach Dantes Tod von seinem Bewunderer Giovanni Boccaccio zu *Divina Commedia* erweitert. In der Göttlichen Komödie reist Dante, geführt von Vergil und Beatrix, durch die drei Reiche des Jenseits.

Für den heutigen Leser ist die *Commedia* kaum mehr verständlich. Selbst – oder gerade – Experten räumen das ein. Beispielsweise schreibt Robert Curtius (1886-1956), einer der herausragenden Experten auf dem Gebiet der mittelalterlichen Literatur, im Jahr 1948:

'Gehen wir die Namen der Beispielfiguren durch, die dem heutigen Leser nie vorgekommen sind: um Aglauros, Tamyris, Polymnestor zu kennen, muss man die antiken Autoren mit einer Wissbegier und Ehrfurcht gelesen haben, die heute niemand besitzt und zu besitzen braucht... Die antike Tradition war ein Schatzhaus von Namen, Taten, Aussprüchen, Lehren, an denen Welt- und Geschichtsverständnis sich zu orientieren hatte. ... Das ist ein Grund seiner Schwerverständlichkeit.' (Curtius, S. 369)

In den deutschen Übertragungen wird „riso" (Lachen) oft mit „lächeln" (sorriso) übersetzt. Dieses Problem dürfte jenem vergleichbar sein, das bei Wolframs Parzival zu beobachten ist. [Vgl. unten 2.5.3 (2) mit Zitat von Coxon]

Winfried Wilhelmy weist darauf hin, dass um 1200 eine bis dahin nicht gekannte Wertschätzung des Lachens begonnen hat. „Den unbestrittenen Höhepunkt dieser positiven Einschätzung bildet Dantes *Göttliche Komödie*: Hier wird gelächelt (oder gar gelacht?), was das Zeug hält – wobei sich die Sprachforscher uneins sind, ob die von Dante verwendeten Ausdrücke ridere und riso, ähnlich wie im Lateinischen ..., nun mit Lachen oder Lächeln zu übersetzen sind."

(Wilhelmy, S. 124 f.)

Die Häufigkeit des Lachens und Lächelns nimmt in der Göttlichen Komödie von der Hölle über das Fegefeuer zum Paradies deutlich zu.

Marc Föcking: „Dass Dante das Lachen der Hölle vorenthält und allein das Personal des Purgatorio und des Paradiso lächeln und lachen lässt, folgt der Logik des theologischen Diskurses ... Das Lachen der Weisen in diesen beiden Reichen kann folglich nur ein lautloses Lächeln auch dort sein, wo Dante vom riso spricht." (Föcking, S. 89)

- Oft werden Lächeln und Lachen im Zusammenhang mit Allegorien verwendet. Es lächeln oder lachen vorzugsweise der Himmel oder jedenfalls Himmelskörper:

Paradiso, 5. Gesang

Wenn der Planet nun sich verwandelnd lachte,
Wie ward wohl mir, mir, den verwandelbar
Schon die Natur auf alle Weisen machte? Verse 97-99

- Beim Lachen oder Lächeln von Personen geht es in erster Linie um dasjenige Beatrices. Dante ist als Kind, später als junger Mann, einige Male der etwa gleichaltrigen Beatrice Portinari begegnet. Sie ging ihm bis zu ihrem frühen Tod (im

Alter von 24 Jahren) nicht aus dem Sinn. In der *Commedia* hat
Dante ihr ein Denkmal gesetzt.

Paradiso, 14. Gesang
Doch als ich zu Beatrix mich gewendet,
War sie so lachend schön, so hochbeglückt,
Dass solches Bild kein irdisch Wort vollendet.
Verse 79–81

Paradiso, 15. Gesang
Mir zog den Geist zum Lichte dieses Wort;
Drauf, als ich mich zu meiner Herrin wandte,
Ward mir Entzückung, Staunen, hier, wie dort,
Weil Ihr im Auge solch ein Lächeln brannte,
Dass, wie ich glaubte, meins den Grund darin
Von meinem Himmel, meiner Gnad' erkannte.
Verse 31–36

In dem Essay *Beatrices letztes Lächeln* befasst sich Jorge Luis Borges
mit Interpretationen folgender Verse:

Paradiso, 31. Gesang
So betete ich, und sie, so fern,
wie es schien, lächelte und sah mich an,
dann wandte sie sich wieder der ewigen Quelle zu.
Verse 91-93

Borges kommt dann zu einer recht kühnen Deutungsmöglichkeit:
Er vermutet, dass große Teile der Erzählungen für Dante nur den
Zweck hatten, 'einige Begegnungen mit der unwiederbringlichen
Beatrice einzuschieben. Besser gesagt: Die Kreise der Züchtigung
und das südliche Fegefeuer und die neun konzentrischen Sphären
und Francesca und die Sirene und der Greif und Bertrand de Born
sind Einschübe; ein Lächeln und eine Stimme, die er verloren weiß,
sind das Wesentliche.' Zu Beginn der Vita nuova sei zu lesen, dass

Dante einmal in einem Brief siebzig Frauennamen aufgezählt hat,
nur um heimlich den Namen von Beatrice einschieben zu können.
Er vermute, dass er hier dieses melancholische Spiel wiederholt hat.
(Borges, S. 250 f.)

(2) E.T.A. Hoffmann (1776-1822) –
Die Geschichte vom König Ophioch und der Königin Liris

Mit einem *Capriccio* setzt sich ein Künstler bewusst über die zu
seiner Zeit für die Kunst geltenden ungeschriebenen Normen hinweg.

E.T.A. Hoffmann hat in die Erzählung *Prinzessin Brambilla. Ein
Capriccio nach Jakob Callot* die *Geschichte vom König Ophioch und der
Königin Liris* eingefügt: Da der junge König Ophioch melancholisch
ist, versuchen seine Berater, ihn durch seine Vermählung mit der
Prinzessin Liris aus seiner Stimmungslage herauszuführen. Bei der
neuen Königin tritt jedoch eine 'alberne Lachlust' zutage, die dem
König bald lästig wird. (Jörg Schönert KNLL Band 7 S. 961 f.)

*König Ophioch wurde mit jedem Tage noch ernster und trauriger, als er
gewesen, und, was das ärgste war, ein tiefer Widerwille gegen die lachende
Königin keimte auf in seinem Innern; welches diese indessen gar nicht zu
bemerken schien, wie denn überhaupt niemals zu ergründen war, ob sie
noch irgend etwas in der Welt bemerkte.*

Nach einiger Zeit erhält das Paar die Chance, ihr Leben dadurch
positiv zu verändern, dass sie in das Wasser der Urdarquelle blicken.

*Lange hatten sie hinein geschaut, dann erhoben sie sich, sahen einander
an und lachten, muss man nämlich den physischen Ausdruck des innigsten
Wohlbehagens nicht sowohl, als der Freude über den Sieg innerer geistiger
Kraft Lachen nennen*

*So himmelweit war dieses Lachen von dem Gelächter verschieden, womit
sie sonst den König quälte, dass viele gescheite Leute behaupteten, sie sei
es gar nicht, die da lache, sondern ein anderes in ihrem Innern verstecktes*

34

wunderbares Wesen. Mit König Ophiochs Lachen hatte es dieselbe Bewandtnis. Als beide nun auf solch eigne Weise gelacht, riefen sie beinahe zu gleicher Zeit: 'Oh! – wir lagen in öder unwirtbarer Fremde in schweren Träumen und sind erwacht in der Heimat – nun erkennen wir uns in uns selbst und sind nicht mehr verwaiste Kinder'.

(3) Eduard Mörike (1804-1875) –
Die Historie von der schönen Lau

Eduard Mörike hat in sein Märchen *Das Stuttgarter Hutzelmännlein* die Erzählung *Die Historie von der schönen Lau* eingebaut.

In dieser Geschichte lebt eine Wasserfrau in einem Tiefseeschloss auf dem Grund des Blautopfs, eines (realen) Sees bei Blaubeuren in der Schwäbischen Alb. Ihr Mann, ein alter 'Donaunix am Blauen Meer' hat sie verbannt, weil sie ihm nur tote Kinder geboren hatte. Vor diesem Hintergrund erzählt Mörike die Geschichte von der Erlösung der Wasserfrau: Nur fünfmaliges Lachen könne, so war geweissagt worden, ihre Fruchtbarkeit wieder herstellen. Hier drei der fünf erfolgreichen Versuche:

- Die Lau gibt sich alle Mühe. Schon beim ersten Mal gelingt nach vergeblichen Versuchen das Lachen. Sie hat ein Bad genommen und trocknet sich ab. Dabei hilft man ihr.

  Da ließ sie sich trocken machen und saß auf einem Stuhl, indem ihr Jutta die Füße abrieb. Wie diese ihr nun an die Sohle kam, fuhr sie zurück und kicherte. „War's nicht gelacht?" frug sie selber sogleich. – „Was anders?" rief das Mädchen und jauchzte: „gebenedeiet sei uns der Tag! ein erstes Mal wär' es geglückt!"

- Bald darauf tritt der zweite Erfolg ein: Die Lau sieht einen kleinen Jungen „auf einem runden Stühlchen" sitzen, das sie „einen viel zierlichen Sitz" nennt. Darüber entsteht Gelächter, in das sie einstimmt:

  Da die drei Frauen sich abwandten zu lachen, vermerkte sie etwas und fing auch hell zu lachen an, und hielt sich die ehrliche Wirtin

*den Bauch, indem sie sprach: „diesmal fürwahr hat es gegolten, und
Gott schenk' Euch so einen frischen Buben, als mein Hans da ist!"*

* Die Spinnerinnen hatten ihren Spaß mit einem Satz, der sich
recht schwer aussprechen lässt.

*Dadurch gab es viel Lachen. Zum letzten musste es die schöne
Lau probieren, die Jutte ließ ihr keine Ruh. Sie wurde rot bis an
die Schläfe, doch hub sie an und klugerweise gar langsam: ",s
leit a Klötzle Blei glei bei Blaubeuren." Die Wirtin rief ihr zu, so
sei es keine Kunst, es müsse gehen wie geschmiert! Da nahm sie
ihren Anlauf frisch hinweg, . . . jetzt, wie man denken kann, gab
es Gelächter einer Stuben voll, das hättet ihr nur hören sollen, und
mitten drauß hervor der schönen Lau ihr Lachen, so hell wie ihre
Zähne, die man alle sah!*

Karl-Josef Kuschel hält die literarische Strategie für spannend,
mit deren Hilfe Mörike den Prozess der Lachfindung als Prozess
der Vermenschlichung beschreibt. Zu Beginn dieser Erzählung sei
die Lau sehr menschenscheu, lichtscheu, redescheu. Erst allmählich
gewinne sie Vertrauen zu den Menschen. Nur Zug um Zug gelinge
ihr die Wende durch das erlösende, befreiende, verlebendigende
Lachen. (Kuschel, S. 182 f.)

(4) Gottfried Keller (1819-1890) – Das verlorene Lachen (1874)

In den Jahren 1873 und 1874 hat Gottfried Keller den zweiten
Teil des Novellenzyklus *Die Leute von Seldwyla* abgeschlossen und
die letzte Novelle *Das verlorene Lachen* genannt. Ein junges Paar
erlebt eine Ehekrise: Sie verlieren ihr Lachen, finden es jedoch wieder, während sie die Krise meistern. Vielleicht auch umgekehrt: Sie
meistern ihre Krise, weil sie wieder lachen können.

Anlässlich eines Sängerfestes lernt Jukundus die schöne Justine
kennen.

1. Kapitel

Zugleich sah man aber auch den Jukundus, der unversehens mit seiner Fahne vor ihr stand und in frohem Glücke lachte. Da strahlte wie ein Widerschein das gleiche schöne Lachen, wie es ihm eigen, vom Gesichte der Kranzspenderin, und es zeigte sich, dass beide Wesen aus der gleichen Heimat stammten, aus welcher die mit diesem Lachen Begabten kommen.

Die beiden heiraten. Jukundus ist in der Folgezeit beruflich nicht erfolgreich. Das Paar kommt bei Justines Großeltern in Schwanau unter. Weitere Eheprobleme entstehen aus bestimmten Auffassungen Jukundus' über Kunst und Religion.

2. Kapitel

Jukundus wurde unlustig und oft traurig und vertraute sich seiner Frau an, da sie sein frohes Lächeln, das zu dem ihrigen wie ein Zwillingsgeschwister war, fast seltener werden sah und ihn ängstlich befragte. … Als er nun mit ihr allein in seiner Handelsstube stand und schweren Herzens von seiner Lage zu erzählen begann, trat sie ganz nahe zu ihm hin, strich ihm mit der Hand über die sorgenvolle Stirn und unterbrach ihn mit der Frage, ob seine Bücher richtig und vollständig geführt seien? Als er die Frage bejahte, lachte sie ihn so schön an, dass ihm das Herz aufging.

Später: *Die Großmutter brachte ihren verjährten Granatschmuck sowie Sonntagshäubchen und seidene Jacken herbei, die sie vor sechzig Jahren in blühender Jugend getragen. Damit kleidete sich die Enkelin zum allgemeinen Wohlgefallen; aber anstatt in den Spiegel schaute Justine dann mit ihrem glückseligen Lachen dem Jukundus ins Gesicht, das die wie aus weiter Zeitferne herüberleuchtende Erscheinung anstaunte.*

Bald gibt es Unstimmigkeiten zwischen den Eheleuten: *Von diesem Augenblicke an war aus dem Gesichte der beiden Ehegatten jenes anmutige und glückliche Lachen verschwunden, so vollständig, als ob es niemals darin gewohnt hätte.*

3. Kapitel

Jukundus kommt in der Landeshauptstadt bei einem Unternehmer unter und verkehrt in politisch zwielichtigen Kreisen. Vergeblich wartet er auf ein Zeichen der Versöhnung. Eine Wirtschaftskrise erschüttert und ruiniert das Haus der Großeltern Justines. Justine verlässt Schwanau und möchte in der Landeshauptstadt als Lehrerin arbeiten. – Zufällig begegnet Justine Jukundus.

4. Kapitel

Justine eilte, getragen von den tönenden Wogen, dem Manne entgegen, der jetzt im Scheine der Morgensonne raschen Schrittes herankam. Sobald sie einander gewahrten, kehrte das verloren gewesene Lachen in ihre Gesichter zurück, und sie umarmten und küssten sich herzlich.- Alles war versammelt, als das versöhnte schöne Paar kam. Es herrschte aber zuerst einige Spannung und Befangenheit; doch als man sah, dass das verlorne Lachen wiedergekehrt war, verbreitete sich der Sonnenschein des alten Glückes im ganzen Hause. Sie bekamen einen Sohn und eine Tochter, welche sie Justus und Jukunde nannten und die blühende, lachende Schönheit weiter vererben werden.

Karl-Josef Kuschel: „Kellers Geschichte zeigt: Ohne Lachen keine Nähe, kein Vertrauen, keine Liebe. Der lachunfähig gewordene Mensch ist der abgestorbene, verlorene. Menschen, die nicht mehr miteinander lachen können, sind füreinander tot." (Kuschel, S. 188 f.)

(5) Émile Zola (1840-1902) – Die Sünde des Abbé Mouret (1875)

Ab 1869 arbeitete Émile Zola an einem Zyklus *Les Rougon-Macquart. Histoire naturelle et sociale d'une famille sous le Second Empire (Die Rougon-Macquart. Die Natur- und Sozialgeschichte einer Familie im Zweiten Kaiserreich)*, der schließlich zwanzig Bände umfasste. An fünfter Stelle entstand 1875 die Erzählung *Die Sünde des Abbé Mouret*, die sich (u. a.) mit den Problemen der Ehelosigkeit der katholischen Priester befasst.

Der junge Priester Serge Mouret ist Pfarrer in der kleinen in der Provence gelegenen Stadt Les Artaud geworden. Während einer Erkrankung wird er in einem Landgut untergebracht und von der jungen Albine gepflegt. Serge kommt langsam wieder zu Kräften. Gemeinsam mit Albine durchstreift er den weitläufigen Garten des Guts. Zunächst verbindet ihn nur eine unverfängliche Zuneigung zu Albine. Die Veränderung der Beziehung wird von Lachen in verschiedenen Modulationen begleitet: „ . . . in ihrem Lachen war ein neuer Ton."

Erstes Buch, Kapitel 14
Warum lachte sie denn derart, als sie ihn blauäugig betrachtete? Er war gefangen in ihrem Lachen wie in einer klingenden Flut, die gegen ihn brandete; er atmete sie ein, fühlte sie in sich erzittern. Ja, all sein Elend kam von dem Lachen, das er getrunken hatte.

Zweites Buch

Kapitel 1
Da ließ er seinen Kopf bis zu der kleinen Hand gleiten und schmiegte eine Wange an sie. Ein leises Lachen kam ihn an, er sagte: „Ah, sie ist seidenweich. Als ob sie mir Luft in die Haare bliese, ... Bitte, nimm sie nicht fort."

Kapitel 6
Sie lagen sich in den Armen, hielten sich fest umschlungen. Doch küssten sie sich nicht. Hüfte an Hüfte lehnten sie die Wangen aneinander, stumm,

einig und bezaubert in inniger Gemeinsamkeit. Um sie blühten die Rosen. Ein lachendes Blühen war es, rot, rosig und weiß, liebesdurchtollt.

Kapitel 9
Selbst tief in den Moosverstecken unter den zerborstenen Baumstämmen, die sie zwangen, hintereinander zu kriechen, in so schmalen Laubgängen, dass Sergius sich lachend an Albines nackten Beinen hielt, gab es kein gefährlich träumerisches Schweigen.

Kapitel 10
Er sagte nichts, drohte ihr aber mit dem Finger, und so kehrten sie endlich heim von den Vergnügungen des Tages, lebhaft angeregt wie ein junges Paar, das von einem mutwilligen Unternehmen nach Hause kommt. Sie betrachteten einander, fanden sich schöner und kraftvoller; und eines war sicher: in ihrem Lachen war ein neuer Ton.

Kapitel 16
Als Albine und Sergius aus glückseliger Betäubung erwachten, lächelten sie sich an. Von lichten Ländern kehrten sie zurück. Aus Höhen mussten sie niederwärts finden.

Albine erwartet ein Kind und sucht eine Aussprache mit Serge. Dieser verweist auf seine religiösen Verpflichtungen. Albine nimmt sich das Leben. Serge zelebriert regungslos die Beerdigung Albines.

Der Roman hat in Teilen der Öffentlichkeit heftige Empörung ausgelöst, u. a. bei Jules Barbey d'Aurevilly, der dem alsbald nach dem Erscheinen des Buches in einem Zeitungsartikel Ausdruck verlieh. Eine Strafanzeige wurde aber nicht weiter verfolgt.

Vgl. zu derselben Thematik (Priester, junges Mädchen):
2.2.2 (7): Gerhart Hauptmann – Der Ketzer von Soana

(6) Theodor Fontane (1819-1898) – L' Adultera (1882)

L' Adultera ist Theodor Fontanes erster „Gesellschaftsroman":
Die junge, schöne Melanie aus Genf hat mit etwa siebzehn Jahren
den wesentlich älteren Berliner Geschäftsmann Ezechiel van der
Straaten geheiratet. Sie haben zwei Töchter. Melanie leidet unter
dem manchmal ungehobelten Auftreten und der zunächst grundlo-
sen Eifersucht ihres Mannes.

Der Titel des Romans erklärt sich wie folgt: Ezechiel hat sich eine
Kopie eines Bildes von Jacopo Tintoretto (nach neueren Forschun-
gen: von Johannes Rottenhammer) „Cristo e l'adultera" („Christus
und die Ehebrecherin") anfertigen lassen.

Kapitel 2: L'Adultera

*Alles atmete Behagen, am meisten der Hausherr selbst, der, in einen Schau-
kelstuhl gelehnt und die Morgenzeitung in der Hand, abwechselnd seinen
Kaffee und den Subskriptionsballbericht einschlürfte. Nur dann und wann
ließ er seine Hand mit der Zeitung sinken und lachte.*

*‚Was lachst du wieder, Ezel', sagte Melanie, während sie mit ihrem
linken Morgenschuh kokettisch hin- und herklappte. 'Was lachst du wieder? Ich wette die Robe, die du mir heute noch kaufen wirst, gegen dein
hässliches, rotes und mir zum Tort wieder schief umgeknotetes Halstuch,
dass du nichts gefunden hast als ein paar Zweideutigkeiten'.*

*Van der Straaten hatte seinen Arm auf das Pult gelehnt und lächelte.
[Melanie:] ‚Du lächelst, und sonst lachst du doch, mehr, als gut ist, und
namentlich lauter, als gut ist. Es steckt etwas dahinter.*

Er erklärt Melanie – prophetisch, wie sich herausstellen wird –,
das Bild werde ihm helfen, sich an den Gedanken an sein zukünfti-
ges Schicksal zu gewöhnen.

Im Sommer kommt der Sohn eines Frankfurter Geschäftsfreun-
des namens Rubehn als Logiergast ins Haus der van der Straatens.
Der junge Rubehn ist in seinem Auftreten das Gegenteil des Haus-
herrn. Melanie und Rubehn kommen einander näher. Sie wollen

gemeinsam ein neues Leben beginnen und begeben sich auf Reisen. Melanie wird geschieden und heiratet Rubehn.

Kapitel 17: Della Salute

Sie war glücklich, unendlich glücklich. Alles, was ihr das Herz bedrückt hatte, war wie mit einem Schlage von ihr genommen, und sie lachte wieder, wie sie seit lange nicht mehr gelacht hatte, kindlich und harmlos. Ach, wem dies Lachen wurde, dem bleibt es, und wenn es schwand, so kehrt es wieder. Und es überdauert alle Schuld und baut uns die Brücken vorwärts und rückwärts in eine bessere Zeit.

Wieder in Berlin eingetroffen, kann Melanie feststellen, dass sie nicht vollkommen von der Gesellschaft verstoßen ist. Allerdings hat Rubehn geschäftliche Sorgen: Das Bankhaus wird insolvent. Man zieht aus der großzügigen Wohnung aus, Rubehn sucht sich eine Anstellung, Melanie gibt Musikstunden. (Marie L. Lotze KNLL Band 5 S. 660 f.)

Kapitel 21: In der Nikolaikirche

Ein neues Leben! Und das erste ist, wir geben diese Wohnung auf und suchen uns eine bescheidenere Stelle ... und in acht Tagen oder doch spätestens in vier Wochen geb' ich meine erste Stunde. Wozu bin ich eine Genferin! Und nun sage: Willst du? Glaubst du?- "Ja.- "Topp.Und sie schlug in seine Hand und zog ihn unter Lachen und Scherzen in das Nebenzimmer, wo das Vrenel in Abwesenheit des Dieners eben den Teetisch arrangiert hatte. Und sie hatten an diesem Unglückstage wieder einen ersten glücklichen Tag.

Kapitel 22: Versöhnt

selbst solche, die bei dem Zusammenbrechen der Rubehnschen Finanz-herrlichkeit nur Schadenfreude gehabt und je nach ihrer klassischen oder christlichen Bildung und Beanlagung von 'Nemesis' oder 'Finger Gottes' gesprochen hatten, bequemten sich jetzt, sich mit dem hübschen Paare zu versöhnen, "das so glücklich und so gescheit sei und nie klage und sich so liebe".... Dann lachten sie und freuten sich, dass es so gekommen.

'Es ist symptomatisch, dass Melanie das Lachen, ihr Lachen, ihr absolutes Lachen erst wieder in Italien, also nach der eindeutigen Entscheidung zu einem neuen Leben jenseits der doppeldeutigen Situation in den Koordinaten der alten Gesellschaftsform, wiederfinden kann.' (Wertheimer, S. 318)

(7) Gerhart Hauptmann (1862-1946) –
Der Ketzer von Soana (1918)

Die Erzählung *Der Ketzer von Soana* ist 1918, wenige Jahre, nachdem Gerhart Hauptmann mit dem Literaturnobelpreis ausgezeichnet worden war, erschienen. Arbeitstitel war *Der Dämon von Soana, Versuchung und Fall Francesco Velas.*

Ein Urlauber trifft in den Bergen auf einen Hirten. Dieser liest ihm aus seinen Aufzeichnungen vor. Ihr Kern, *Die Erzählung des Berghirten,* ist die Geschichte vom Ketzer von Soana: Der junge Priester Francesco Vela tritt seine erste Pfarrstelle in dem Ort Soana an. Er lernt die älteste Tochter Agata einer ortsansässigen Familie kennen. Er erliegt ihren Reizen.

(Erstes Zusammentreffen mit Agata:)
Er sagte, als die schlanke und starke Person, nachdem sie die Ziegen verscheucht hatte, mit frisch geröteten Wangen und lachenden Augen vor ihm stand: „Du hast mich gerettet, braves Mädchen!" Und er setzte ebenfalls lachend hinzu, indem er sein Brevier aus den Händen der jungen Eva entgegennahm: 'Es ist eigentlich wunderlich, dass ich trotz meines Hirtenamts gegen deine Herde so hilflos bin.'

(Drittes Zusammentreffen:)
Kaum dass dieses Echo verklungen war, so hörte man etwas mit lautem Kreischen und Gelächter sich annähern. Es waren verschiedene Stimmen, die Stimmen von Kindern, von denen sich eine abwechselnd lachende und nach Hilfe rufende, weibliche Stimme unterschied.

(Agata und der Ziegenbock:)
Die Schreie des Mädchens, ihr Lachen, ihre unfreiwillig wilden Bewegungen, ihr fesselloses, fliegendes Haar, der geöffnete Mund, die hoch

43

*und stoßweis atmende Brust, die ganze gleichsam erzwungene und doch
freiwillige Tollkühnheit des übermütigen Ritts hatten sie äußerlich ganz
verändert.*

*Nachdem das Mädchen begriffen hatte, dass ein Fremder zugegen war,
und als sie nun gar in diesem Fremden Francesco erkannte, versiegte ganz
plötzlich ihr Lachen und ihre Munterkeit, und ihr Antlitz, das noch eben
vor Lust geglänzt hatte, nahm eine gleichsam trotzige Blässe an.*

Stefan Busch (S. 149) geht der Bedeutung der unterschiedlichen
Arten des Lachens nach. Er stellt fest, in dieser Erzählung sei den
Welten des Christentums und des Heidentums jeweils eine Art
des Gelächters zugeordnet. Den jungen Geistlichen überkomme *ein
Gelächter, in dem sich gleichzeitig die Verzweiflung des Glaubenwollenden
sowie die blasphemische Zurückweisung der ihn gefangen haltenden Lehre
und ihrer Symbole zeige.*

Wie rund vier Jahrzehnte zuvor beim Erscheinen von Émile Zolas
Die Sünde des Abbé Mouret hat auch diese Erzählung Empörung
ausgelöst. 1918, alsbald nach dem Erscheinen, schreibt der evan-
gelische Pfarrer Hermann Curt Wehrhahn: „Tiefer hinunter in den
Unflat führt kein Weg mehr."

(8) Sherwood Anderson (1876-1941) – Dunkles Lachen (1925)

In dem 1925 erschienenen Roman *Dunkles Lachen (Dark Laughter)*
stellt Sherwood Anderson in seiner Schilderung der Ehe- und Fa-
milienprobleme von Weißen *'die Verkrampftheit seiner Romangestalten
... der natürlichen, glücklichen Sinnlichkeit der Neger, deren ‚dunkles
Lachen' sich über dem Zerrbild der grotesk-hysterischen Welt der Weißen
erhebt, gegenüber'.* (Jerome von Gebsattel KNLL Bad 1 S. 450)

Viertes Buch – Erstes Kapitel
*Mehr und mehr drang der braune Mann, die braune Frau in das Be-
wusstsein Amerikas ein ... Sie kamen williger, begieriger als jeder Jude,*

44

Deutsche, Pole oder Italiener. Lachend standen sie da, kamen an die Hintertür mit schlurfenden Füßen, lachend, Tanz in den Gliedern.
- Schwarze in den Docks, Schwarze auf den Straßen, lachende Schwarze. ...
Eine schwarze Frau mit dreizehn Kindern, jedes Kind von einem anderen Manne; sie geht sogar in die Kirche, sie singt, sie tanzt; breite Schultern, breite Hüften, sanfte Augen, eine sanfte, lachende Stimme.
- Ein langsamer Tanz, Musik, Schritte, Baumwolle, Mais, Kaffee. Träges, gedehntes Lachen der Schwarzen. Bruce fiel die Zeile eines Schwarzen ein, die er einmal gelesen. „Wird weißer Dichter je verstehn, warum mein Volk so sanft schreitet, warum es lacht, wenn die Sonne aufgeht?"

Achtes Buch – Sechstes Kapitel

Zwischen der männlichen Hauptperson des Romans und der Frau des Vorgesetzten bahnt sich ein Verhältnis an, das nicht länger verheimlicht werden kann. Dem dunkelhäutigen Personal jedenfalls entgeht es nicht.

Die beiden schwarzen Frauen im Hause sahen erwartungsvoll zu. Oft blickten sie einander an und kicherten. Die Luft oben auf dem Hügel war von Gelächter erfüllt – von schwarzem Gelächter. „Ach du lieber Gott! Ach du lieber Gott! Ach du lieber Gott!" rief eine der andern zu. Und sie lachten das schrille Gelächter der Schwarzen.'

Achtes Buch – Achtzehntes Kapitel

Warum konnte er nicht lachen? Er versuchte es immer wieder, doch jedesmal blieb ihm das Lachen im Halse stecken. Auf der Straße vor dem Hause lachte jetzt eine der schwarzen Frauen ... Die ältere suchte die jüngere, dunkelhäutige zum Schweigen zu bringen, doch sie lachte unbekümmert das hohe, schrille Lachen der Schwarzen. „Ich gewusst haben, ich gewusst haben, ich immer schon gewusst haben!" rief sie und das hohe, gellende Gelächter drang durch den Garten in das Zimmer, wo Fred aufrecht und starr in seinem Bett saß.

Hinweis zum Sprachgebrauch:
In der amerikanischen Ausgabe von 1925 und auch noch in der deutschen Ausgabe von 1966 werden die Ausdrücke 'Neger' und

'Nigger' verwendet. Sie wurden hier durch 'Schwarze' ersetzt. Hierzu die Anmerkung in der amerikanischen Ausgabe von 2014: 'Please remember that this book is a product of its time and do not reflect the same views on race, gender, sexuality, ethnicity und interpersonal relations as it would if it was written today.'

Darin, wie und aus welchen Anlässen gelacht wird, gibt es neben den ganz individuellen auch ethnische Unterschiede. In Studien, die von der Filmindustrie der USA in Auftrag gegeben worden waren, wird festgestellt, dass bestimmte Filme alle ethnischen Gruppen gleichermaßen ansprechen, andere nur Weiße. Zu diesem Ergebnis kam z. B. auch eine Analyse des Films *Die weiße Massai* (2005). (Maurer, aaO)

(9) Hermann Hesse (1877-1962) – Der Steppenwolf (1927)

Der Steppenwolf hat Hermann Hesses Weltruf begründet. Das Buch wurde insbesondere von jungen Menschen in Europa und Nordamerika begeistert aufgenommen.

Die Hauptfigur des Romans ist Harry Haller. Seine Persönlichkeit ist zwiespältig: Er ist zugleich bürgerlich-angepasst wie auch einsam und sozial- und kulturkritisch. In den letzten Passagen des Romans geht es um das Lachen als Ausdruck einer Lebensphilosophie. In einer psychedelischen Szene am Ende des Romans unternimmt es Mozart, Harry Haller zu erläutern, dass er „lachen lernen" muss: Ihm wird deutlich gemacht, dass eine Harmonisierung der beiden Seiten der Persönlichkeit nur mit Hilfe der Fähigkeit, auch über sich selbst lachen zu können, möglich ist.

Mozart begann laut zu lachen, als er mein langes Gesicht sah. Vor Lachen überschlug er sich in der Luft und schlug Triller mit den Beinen. ... Das ist ja zum Lachen, du Drachen, zum lauten Lachen, zum Verkrachen, zum In-die-Hosen-Machen!

*Oh wie lachte da der unheimliche Mann, wie lachte er kalt und geister-
haft, lautlos und doch alles durch sein Lachen zertrümmernd! – Lachend
ließ er die entstellte, entseelte und vergiftete Musik weiter in den Raum
sickern, lachend gab er mir Antwort.*

*Nehmen Sie endlich Vernunft an! Sie sollen leben, und Sie sollen das
Lachen lernen. Sie sollen die verfluchte Radiomusik des Lebens anhören
lernen ... sollen über den Klimbim in ihr lachen lernen. Fertig, mehr wird
nicht von Ihnen verlangt.*

(10) Hermann Hesse (1877-1962) – Siddhartha (1919-1922)

Hesse hat sich intensiv mit fernöstlichem Denken beschäftigt;
seine Eltern waren für einige Zeit in Indien als Missionare tätig.

Der Roman Siddhartha wurde in den 1960er Jahren in Deutschland zum einem Kultbuch. Er spielt im 6. Jahrhundert v. Chr. in
Indien. Hesse beschreibt einen Menschen, der sich aus familiären
und gesellschaftlichen Konventionen befreit, aber auch jedes Dog-
ma ablehnt und seinen eigenen Weg findet.

Bei den Samanas

(Der junge Brahmane Siddhartha schließt sich den asketisch lebenden Samanas an. Sein Freund Govinda folgt ihm. – Drei Jahre lang
leben sie mit den Samanas. Dann verlassen sie die Asketen und
begegnen Gautama, dem Buddha. Govinda schließt sich Gautama
an.)

*Sprach Govinda: "... Und hast du nicht einst zu mir gesagt, nicht lange
mehr werdest du den Weg der Samanas gehen?- Da lachte Siddhartha, auf
seine Weise, wobei der Ton seiner Stimme einen Schatten von Trauer und
einen Schatten von Spott annahm, und sagte: "Wohl, Govinda, wohl hast
du gesprochen, richtig hast du dich erinnert.*

Kamala

(Siddhartha ist inzwischen davon überzeugt, dass er seinen eigenen
Weg gehen muss.)

*Inmitten in einer geschmückten Sänfte, von vieren getragen, saß auf
roten Kissen unter einem bunten Sonnendach eine Frau, die Herrin. ...
Siddhartha sah, wie schön sie war, und sein Herz lachte ... Noch bin ich
ein Samana, dachte er, noch immer, ein Asket und Bettler. Nicht so werde
ich bleiben dürfen, nicht so in den Hain treten. Und er lachte.*

Sansara

*Es geschah, dass er allzu laut lachte, wenn er im Würfelspiel verlor. Sein
Gesicht war noch immer klüger und geistiger als andre, aber es lachte
selten, und nahm einen um den andern jene Züge an, die man im Gesicht
reicher Leute so häufig findet, jene Züge der Unzufriedenheit, der Kränk-
lichkeit, des Missmutes, der Trägheit, der Lieblosigkeit. Langsam ergriff
ihn die Seelenkrankheit der Reichen.*

Am Flusse

(Siddhartha wendet sich bald enttäuscht von diesem Leben ab und
verlässt die Stadt. – An einem Fluss macht er die Bekanntschaft des
Fährmanns und wird sein Gehilfe.)

*Mit lächelndem Gesicht schaute Siddhartha dem hinweggehenden Mön-
che nach. ... Mit Kummer, und doch auch mit Lachen, gedachte er jener
Zeit. Damals, so erinnerte er sich, hatte er sich vor Kamala dreier Dinge
gerühmt, hatte drei edle und unüberwindliche Künste gekonnt: Fasten –
Warten – Denken... Aber Kummer darüber konnte er nicht empfinden,
nein, er fühlte sogar großen Anreiz zum Lachen, zum Lachen über sich,
zum Lachen über diese seltsame, törichte Welt.*

Om

*Der Fluss floss sanft und leise, es war in der trockenen Jahreszeit, aber
seine Stimme klang sonderbar: sie lachte! Sie lachte deutlich. Der Fluss
lachte, er lachte hell und klar den alten Fährmann aus.*

Siddhartha ist von Hesses Werken wohl jenes, das am Positivsten
aufgenommen wurde. Henry Miller hat in „Die Kunst des Lesens"

geäußert, nichts mehr seit der Lektüre des Tao Te King habe ihm so
viel bedeutet. Es sei ein kurzes Buch, ein einfaches Buch, tiefgründig
wohl, und doch habe es das Lächeln, das über dem Getümmel steht,
die Welt überwindet und sie gerade dadurch wiederfindet. (Zitiert
nach Siegfried Unseld, Werkgeschichte, Frankfurt am Main 1977, S.
93)

(11) Uwe Timm (* 1940) – Rot (2001)

Die Hauptfigur in Uwe Timms Roman *Rot* ist Thomas Linde,
Jazzkritiker und Beerdigungsredner. Es geht in diesem Roman vor
allem um die 68er Generation und darum, was aus ihren Hoffnungen geworden ist. Der Text ist fortlaufend, nicht in Kapitel oder
sonstwie gegliedert.

Thomas Linde hat „bei rot" die Straße überquert und lässt, schwer
verletzt, Stationen seines Lebens an sich vorüberziehen.

Auf drei verschiedene Lacharten stößt der Leser: Iris' Lachen, das
„jede Traurigkeit" wegwischt, das Lachen der Trauergemeinde, das
dem Weinen nahe ist, und ein Verlegenheitslachen aus Anlass des
Angebots eines one-night-stands.

Thomas denkt an Iris
*Da lachte sie, und wenn Iris lacht, leuchtet der Himmel über Berlin. Sie
fängt leise an, als würde man sie ein wenig kitzeln, – sie lacht, ihr Eyeliner
verschmiert, sie lacht, wie andere weinen. ... Ich liebe an ihr am meisten
dieses Lachen. Es wischt jede Traurigkeit weg, und das ist wohl auch der
tiefere Grund für ihren Erfolg.*

Thomas bereitet eine Begräbnisrede vor
*... und ich wusste sofort, wie ich die Rede aufbauen würde, denn dazu
gehört immer auch das befreiende Lachen, natürlich nicht zu laut, nicht
zu heftig, aber beides, die Tränen und das Lachen, das Feuchte und das
Trockene, wohldosiert, gehören zusammen*

Petra erzählt Thomas von einem unüblichen Angebot
Kommt ein Typ, so um die vierzig, gut aussehend, ... ganz unvermittelt,
aber freundlich fragt er sie, ob sie mit ihm schlafen will. Nee. Warum? Wie
kommen Sie darauf? ... Männer sind schlicht gestrickt, sagt er und lacht.
Es wird, ich tue es ja selbst, bei Unverschämtheiten viel gelacht, so werden
sie hübsch verpackt. Und der Typ sagt aus dem Lachen heraus: Na gut,
ich biete 1.000 Mark. So wenig? Nein. Sie lacht, und er lacht. Sie lachen
beide. Es ist ja alles ein nettes Spiel.

2.2.3 Misslungene Versuche gemeinsamen Lachens

(1) Gotthold Ephraim Lessing (1729-1781) – Minna von Barnhelm (1767)

Lessings Komödie *Minna von Barnhelm oder Das Soldatenglück*
spielt 1763 und handelt von dem sächsischen Edelfräulein Minna
von Barnhelm und ihrem Verlobten, dem preußischen Major von
Tellheim. Die Liebe der beiden droht an dem übersteigerten Ehrbe-
griff Tellheims und seinem Stolz zu scheitern.

Goethe hat 1767 in dem von Lessing gegründeten Nationaltheater
Hamburg die Uraufführung gesehen und war beeindruckt:

Eines Werks aber, der wahrsten Ausgeburt des Siebenjährigen Krieges,
von vollkommenem norddeutschem Nationalgehalt, muss ich hier vor allen
ehrenvoll erwähnen; es ist die erste aus dem bedeutenden Leben gegriffene
Theaterproduktion, von spezifisch temporärem Gehalt, die deswegen auch
eine nie zu berechnende Wirkung tat: Minna von Barnhelm. (<u>Goethe</u>, Dichtung
und Wahrheit, Zweiter Teil, Siebentes Buch)

Von Tellheim hält es nicht mehr für möglich, Minna zu heiraten.
Beide sprechen sich aus. Tellheim erklärt noch einmal seine Gründe.
In diesem Gespräch geht es auch um das Lachen: Minna empfiehlt
Tellheim, zu lachen, Tellheim weigert sich.

4. Akt, 6. Szene

Tellheim: *Sie wollen lachen, mein Fräulein. Ich beklage nur, dass ich nicht mitlachen kann.*

Minna: *Warum nicht? Was haben Sie denn gegen das Lachen? Kann man denn auch nicht lachend sehr ernsthaft sein? Lieber Major, das Lachen erhält uns vernünftiger als der Verdruss. Der Beweis liegt vor uns. Ihre lachende Freundin beurteilt Ihre Umstände weit richtiger als Sie selbst. Weil Sie verabschiedet sind, nennen Sie sich an Ihrer Ehre gekränkt; . . . Ist das so recht? Ist das keine Übertreibung? Und ist es meine Einrichtung, dass alle Übertreibungen des Lächerlichen so fähig sind?*

Tellheim schildert die näheren Umstände der Kränkung, die man ihm angetan hat.

Tellheim: *Hierdurch, mein Fräulein, halte ich meine Ehre für gekränkt; nicht durch den Abschied, den ich gefordert haben würde, wenn ich ihn nicht bekommen hätte. – Sie sind ernsthaft, mein Fräulein? Warum lachen Sie nicht? Ha, ha, ha! Ich lache ja.*

Minna: *Oh, ersticken Sie dieses Lachen, Tellheim! Ich beschwöre Sie! Es ist das schreckliche Lachen des Menschenhasses! Nein, Sie sind der Mann nicht, den eine gute Tat reuen kann, weil sie üble Folgen für ihn hat. Nein, unmöglich können diese üble Folgen dauern! Die Wahrheit muss an den Tag kommen. Das Zeugnis meines Oheims, aller unsrer Stände -*

Tellheim: *Ihres Oheims! Ihrer Stände! Ha, Ha, ha!*

Minna: *Ihr Lachen tötet mich, Tellheim! Wenn Sie an Tugend und Vorsicht glauben, Tellheim, so lachen Sie so nicht! Ich habe nie fürchterlicher fluchen hören, als Sie lachen. – Und lassen Sie uns das Schlimmste setzen! Wenn man Sie hier durchaus verkennen will: so kann man Sie bei uns nicht verkennen. Nein, wir können, wir werden Sie nicht verkennen, Tellheim.*

Stefan Busch stellt fest, Tellheims Verhalten stimme „mit zeitgenössischen Vorstellungen vom melancholischen Temperament
und den in ihm angelegten Verhaltensmöglichkeiten überein. Nach
einer Schilderung der strittigen Finanzangelegenheiten ... reagiert
Tellheim auf Minnas Aufforderung zu lachen mit einem Gelächter,
das ... dem Weinen aus Verzweiflung nah verwandt ist. (Busch, S. 61)

(2) Friedrich Maximilian Klinger (1752-1831) – Die Zwillinge (1776)

In dem Schauspiel *Die Zwillinge*, das Friedrich Maximilian Klinger in seiner „Sturm-und-Drang-Periode" 1776 abgeschlossen hat,
geht es um einen Vater-Sohn-Konflikt und zugleich um eine Auseinandersetzung zwischen zwei Brüdern. Ort des Geschehens ist
ein Landgut am Tiber.

Die Zwillingsbrüder Guelfo und Ferdinando leben im Streit. Die
Eltern bevorzugen Ferdinando und bezeichnen ihn als den Erstge-
borenen der Zwillinge. Zudem soll Ferdinando Kamilla heiraten,
für die sich allerdings auch Guelfo sehr interessiert. Die Spannun-
gen zwischen den Zwillingen spitzen sich zu. Beide reiten aus, bei
Guelfos Rückkehr wird deutlich, dass er seinen Bruder erschlagen
hat. Der Vater erdolcht Guelfo.

Zweiter Aufzug, Fünfter Auftritt

Guelfo bedrängt Kamilla mit seiner leidenschaftlichen Verehrung.
Er erinnert Kamilla an das – aus seiner Sicht – letzte zufällige Zusammentreffen und dessen nähere Umstände.

Kamilla: *Nein, damals war's nicht. Sie sind irre. Das letzte Mal sah
ich Sie, als mein Ferdinando kam.*

Guelfo: *Ihr Ferdinando? – ja doch! Ich ritt nach, ohne es zu wissen,
dass Ihr Ferdinando da war. Wie ich nun kam, und alles nur Ferdinando*

schien, alles um Ferdinando schwebte – Heyda! seien Sie doch lustig! Ich weiß nicht, was das für ein Gespräch ist, das wir zusammen führen. Ich sah Sie noch nicht einmal lächeln, und Sie stehlen einem doch das Herz weg, wenn Sie lächeln. Ich bin sehr lustig, lache mehr, als ich weine. Mich wundert nur, dass niemand mit mir lachen will. Ha, ha, ha! Dass Sie nun da sind! Ha, ha, ha! Dass ich Sie habe, diese Hand habe, diese liebe Kamilla habe, und alles mich neidet! Ha, ha, ha! Lachen Sie doch!

Kamilla: *Sie sind fürchterlich mit Ihrem Lachen.*

Guelfo: *Das weiß ich längst. Sie wollen nicht einmal mit mir lachen? Nicht ein Lächeln? Tun Sie's doch! Zwingen Sie sich ein wenig! Um eines Kranken willen! Das Lachen soll ja so sympathetisch sein, dass gleich alle lachen, wenn einer lacht. Noch nicht, meine Kamilla?*

Über die Aufführungen des Stückes schreibt Stefan Busch: Aus den häufigen „ha! ha! ha!" und „hi! hi!", die der Text für Guelfo vorsieht, werden die Darsteller das Möglichste herausgeholt haben, und es kann wohl nicht einmal als sicher gelten, dass nicht auch zwecks Steigerung des schaurigen Effekts noch häufiger gelacht wurde, als im Text explizit vorgeschrieben. (Busch, S. 68 ff.)

Das Schauspiel ist in einem Dramenwettbewerb mit dem Ersten Preis ausgezeichnet worden. Zu dieser Zeit gab es eine Vorliebe für die Themen „Bruderzwist" und „Auseinandersetzung mit der Vätergeneration".

2.3 Neutrales Lachen

2.3.1 Kommerziell produziertes Lachen

Lachen ist nicht immer Privatsache, jedenfalls nicht auf der Seite derer, die Lachen bei den Zuhörern hervorrufen oder veranlassen wollen. Im Folgenden finden sich Beispiele für kommerzielle Lacherzeuger.

Es fällt auf, dass einige einen erkennbaren Überdruss an ihrer Aufgabe empfinden, jedenfalls nach einer gewissen Zeit der Berufsausübung.

(1) Victor Hugo (1802-1885) – Der lachende Mann (1869)

In *Der lachende Mann* geht es um die Geschichte eines zu Beginn der Romanerzählung jungen Menschen, der durchaus nicht „zum Lachen" sein wollte, aber von verbrecherischen Elementen in einen solchen Zustand versetzt wurde.

Schauplatz der Handlung ist England zur Zeit der Königin Anne (1665-1714). Der Gaukler Ursus reist von einem Jahrmarkt zum anderen. Er nimmt zwei verwaiste Kinder bei sich auf, ein blindes Mädchen namens Dea und den Knaben Gwynplaine, der durch grausame Operationen so entstellt wurde, dass er stets als lachend wahrgenommen wird. Durch sein Aussehen bringt er das Publikum zum Lachen.

Statt eines Gesichts eine Maske: Hugos Held ist eine schauerliche Steigerung der Clownsfigur: „Nach außen hin komisch und tragisch im Innern" – der, der alle zum Lachen bringt, ist selbst tiefernst.
[Niklas Bender, Er war das Grauen, sie war die Anmut, FAZnet, aktualisiert am 05.07.2013]

Zweites Buch – Gwynplaine und Dea – I. Von Angesicht

Gwynplaine brachte dadurch zum Lachen, dass er lachte. Und doch lachte er nicht. Sein Gesicht lachte, sein Gedanke nicht... Man hatte ihm dies Lachen auf ewig ins Antlitz gedrückt. Es war ein automatisches Lachen, das um so unwiderstehlicher war, da es versteinert war. Niemand vermochte sich diesem Gegrinse zu entziehen. Zwei krampfhafte Bewegungen des Mundes teilen sich mit, das Lachen und das Gähnen.

Achtes Buch – Das Kapitol und seine Umgebung – VII. Stürmische Menschen sind schlimmer als die stürmische See

In London erkennt man in dem Jüngling einen hohen Adeligen, der als Kind entführt worden ist. Er erlangt wieder seine angestammten Rechte. Im Oberhaus macht er sich zum Anwalt der Armen, wird aber ausgelacht.

In diesem Augenblicke fühlte Gwynplaine, von tiefster Bewegung ergriffen, wie ihm das Schluchzen in die Kehle stieg, was veranlasste, dass er in entsetzlicher Weise in Lachen ausbrach... Die Ansteckung erfolgte unmittelbar. Über der Versammlung lagerte eine Wolke; sie konnte in Schrecken ausbrechen, sie brach in Freude aus. Das Lachen, dieser heitere Wahnsinn, ergriff das Haus.

Das Lachen der Könige gleicht dem Lachen der Götter; es hat stets eine Beimischung von Grausamkeit. Die Lords fingen an zu spotten. Hohn schärfte das Lachen. Man beklatschte den Redner und beleidigte ihn.

Gwynplaine fährt in seiner Rede fort:
Er hielt inne. Man schwieg. Das Lachen fuhr fort, aber leise. Er konnte an eine gewisse Wiederherstellung der Aufmerksamkeit glauben. Er atmete auf und fuhr fort: Dies Lachen auf meiner Stirn, ein König hat es dort aufgeprägt. Dies Lachen drückt die allgemeine Verzweiflung aus. Dies Lachen bedeutet Hass, erzwungenes Schweigen, Wut, Verzweiflung. Die Folterqualen haben es hervorgebracht; es ist ein Lachzwang. Wenn Satan dieses Lachen hätte, so würde dieses Lachen Gott verdammen.

Nach diesen Erlebnissen schließt Gwynplaine sich wieder Ursus und dem Mädchen an.

Thomas Macho: „Gwynplaine plädiert im House of the Lords für soziale Gerechtigkeit; er scheitert am Lachen, das seine Rede auslöst. ... Das Lachen, dieser heitere Wahnsinn, erfüllte das ganze Haus. Die folgenden Versuche Gwynplaines, zum tragischen Ernst seines Themas zurückzukehren, steigern den Spott und das kollektive Gelächter. Der scheinbar Lachende bringt alle zum Lachen, indem er unaufhaltsam fällt." (Macho, S. 4)

(Kapitelüberschriften nach der Ausgabe des Golkonda-Verlags Berlin)

Hugos Roman wurde 1928 unter dem Titel *Der Mann, der lacht* (Original: *The man who laughs*) verfilmt. Die Rolle des Gwynplaine spielte Conrad Veidt. Diese Darstellung des Gwynplaine soll für Jerry Robinson u. a. die Vorlage für die Comic-Figur des Joker, Batmans großen Gegenspieler für einige Jahrzehnte, gewesen sein, vgl. 2.4.2 (3). (Dieser Film darf allerdings nicht verwechselt werden mit dem Dokumentarfilm *Der lachende Mann – Bekenntnisse eines Mörders* aus dem Jahr 1966 über den als „Kongo-Müller" bekannten Söldner Siegfried Müller.)

(2) Thomas Mann (1875-1955) – Der Tod in Venedig (1912)

Der Schriftsteller Gustav von Aschenbach reist, um sich zu entspannen, für einige Zeit nach Venedig. Dort werden ihm – angesichts eines polnischen Jungen namens Tadzio – seine homoerotischen Neigungen wieder bewusst. Thomas Mann nannte seine Novelle die „Tragödie einer Entwürdigung". Aschenbach *bewahrt zwar stets eine scheue Distanz zu dem Knaben, der späte Gefühlsrausch jedoch, dem sich der sonst so selbstgestrenge von Aschenbach nun willenlos hingibt, macht aus ihm letztlich einen würdelosen Greis (wikipedia).* Aschenbach stirbt in Venedig.

56

Im **Fünften Kapitel**, in der „Straßensängerszene", die zum Hauptstrang der Erzählung keinen unmittelbaren Bezug hat, wird der Auftritt eines jungen Sängers beschrieben:

Es war ein Lied, das jemals gehört zu haben der Einsame [von Aschenbach] sich nicht erinnerte; ein dreister Schlager in unverständlichem Dialekt und ausgestattet mit einem Lach-Refrain, in den die Bande regelmäßig aus vollem Halse einfiel. Es hörten hierbei sowohl die Worte wie auch die Begleitung der Instrumente auf, und nichts blieb übrig als ein rhythmisch irgendwie geordnetes, aber sehr natürlich behandeltes Lachen, das namentlich der Solist mit großem Talent zu täuschendster Lebendigkeit zu gestalten wusste. Er hatte bei wiederhergestelltem künstlerischen Abstand zwischen ihm und den Herrschaften seine ganze Frechheit wiedergefunden, und sein Kunstlachen, unverschämt zur Terrasse emporgesandt, war Hohngelächter.

Er schluchzte, seine Stimme schwankte, er presste die Hand gegen den Mund, er verzog die Schultern, und im gegebenen Augenblick brach, heulte und platzte das unbändige Lachen aus ihm hervor, mit solcher Wahrheit, dass es ansteckend wirkte und sich den Zuhörern mitteilte, ... Er beugte die Knie, er schlug die Schenkel, er hielt sich die Seiten, er wollte sich ausschütten, er lachte nicht mehr, er schrie; er wies mit dem Finger hinauf, als gäbe es nichts Komischeres, als die lachende Gesellschaft dort oben, und endlich lachte dann alles im Garten und auf der Veranda, bis zu den Kellnern, Liftboys und Hausdienern in den Türen.

(3) Heinrich Böll (1917-1985) – Der Lacher (1955)

Ein in den Schulen bekannter und bei den Lehrern beliebter Text ist Bölls Erzählung *Der Lacher* . Das Ergebnis einer Internetrecherche zeigt, dass recht oft den Schülern die Aufgabe gestellt wird, diesen Text – für Referate oder Hausarbeiten – zu interpretieren.

Der Text ist in der ersten Nachkriegszeit entstanden, in einer Zeit also, in der manche zur Sicherung des Unterhaltes auch Tätigkeiten ausüben mussten, die nicht zu einem gängigen Berufsbild passten.

So gesehen ist der "Beruf"des Lachers nur eines von verschiedenen denkbaren Beispielen.

Ich bin Lacher. Ein solches Bekenntnis erfordert weitere, da ich auch die zweite Frage „Leben Sie davon?" wahrheitsgemäß mit „Ja" beantworten muss. ... Ich bin ein guter, bin ein gelernter Lacher, kein anderer lacht so wie ich, keiner beherrscht so die Nuancen meiner Kunst.

Ich lache wie ein römischer Imperator oder wie ein sensibler Abiturient, das Lachen des 17. Jahrhunderts ist mir so geläufig wie das des 19., und wenn es sein muss, lache ich alle Jahrhunderte, alle Gesellschaftsklassen, alle Altersklassen durch: ich hab's einfach gelernt, so wie man lernt, Schuhe zu besohlen. Das Lachen Amerikas ruht in meiner Brust, das Lachen Afrikas, weißes, rotes, gelbes Lachen – und gegen ein entsprechendes Honorar lasse ich es erklingen, so wie die Regie es vorschreibt.

Wie zuvor in der Straßensängerszene: Es geht lediglich um das äußere Erscheinungsbild des Lachens, das der Lachkünstler in vielen Varianten darzustellen weiß.

(4) Thomas Bernhard (1931-1989) – Der Stimmenimitator (1978) – Episode „Ernst"

Thomas Bernhard hat 1978 unter der Überschrift *Der Stimmenimitator* eine Sammlung von mehr als hundert kurzen Prosastücken veröffentlicht. *Die negative Rezeption in der Öffentlichkeit hat sich auch auf die Forschung ausgewirkt, denn über kaum ein Werk Bernhards ist so wenig geschrieben worden, wie über den ‚Stimmenimitator'. Und so wird in der Forschung auch nur nebenbei bemerkt, was schon die Geschichte vom Selbstmord des Komikers zeigt: Bernhards ‚Denk-Erfindungen' sind grotesk.* (Gewehr, aaO, Einleitung)

Im begleitenden Verlagstext heißt es: „Viele Stimmen versammelt dieses 1978 erstmals erschienene Buch in seinen mehr als hundert kurzen Prosastücken. ... Allemal sind es Leidensgeschichten, an deren Sachlichkeit man täglich vorbeigeht. Auf ihren Begriff gebracht, werden sie gefährlich, diese kurzen Berichte; das zufällige

Unglück wird notwendig, der jeweilige Mord oder Selbstmord un-
umgänglich."

Das besonders Makabre an den beiden – hier und unter 3.3 (7)
– wiedergegebenen Textstellen ist die enge Verknüpfung zwischen
Mord und Selbstmord mit dem Lachen, hier dem Lachen, das der
berufsmäßige Komiker jahrelang hervorgerufen hat.

Ernst

*Ein Komiker, welcher jahrelang allein davon gelebt hatte, komisch zu
sein ..., war plötzlich für eine bayerische Ausflüglergruppe, die ihn auf dem
Felsvorsprung über der sogenannten Salzburger Pferdeschwemme entdeckt
hatte, die lange erwartete Sensation gewesen. Der Komiker behauptete
vor der Ausflüglergruppe, er werde sich, so, wie er sei, in der Lederhose
und mit dem Tirolerhut auf dem Kopf in die Tiefe stürzen, worauf die
Ausflüglergruppe in ein lautes Gelächter ausgebrochen war, wie gewohnt.
Der Komiker soll aber gesagt haben, dass es ihm ernst sei und habe sich
tatsächlich und augenblicklich in die Tiefe gestürzt.*

(5) Robert Gernhardt (1937-2006) –
Lied vom Lachen (ca. 2002)

Robert Gernhardt ist in Reval (Estland) geboren und kam nach
dem Krieg nach Niedersachsen. Er lebte später als Zeichner, Kari-
katurist und Schriftsteller in Frankfurt am Main. Insbesondere auf
den Gebieten der Satire und des Humors zählt er zu den wichtigen
zeitgenössischen Autoren deutscher Sprache.

In dem folgenden Gedicht befasst er sich mit dem „Zum-Lachen-
bringen". Es macht deutlich, dass auch derjenige, der von Berufs
wegen Menschen „zum Lachen bringt", unter einem Leistungsdruck
steht. Andere zum Lachen zu bringen ist gewiss eine schwierige
und zugleich undankbare Aufgabe.

Lied vom Lachen (Auszug)

Der Durchschnittsmensch hat durchschnittlich zwei Beine.
Die tragen seinen Körper ganz alleine.
Mit denen kann er jeden Berg bezwingen:
So siehts mal aus.
Zum Lachen aber muss man Menschen bringen.
Was folgt daraus?
...

...
Fest steht allein: Der Dumme ist der Bringer.
Denn die Gebrachten rühren keinen Finger.
Wir sind am Ziel. Und niemand hat gelacht?
Ihr schreckt mich!
Was muss ich hörn: Mein Lied hätt's nicht gebracht – ?
Ach, leckt mich ...

2008 hat die Landesbank Hessen-Thüringen den Robert-Gernhardt-Förderpreis (heute: Robert-Gernhardt-Preis) gestiftet.

(6) Martin Walser (*1927) – Tod eines Kritikers (2002)

Die Handlung des Romans *Tod eines Kritikers* ist im Literaturbetrieb angesiedelt. Viele Figuren werden von den Kommentatoren auf reale Persönlichkeiten zurückgeführt: Als Vorbild des André Ehrl-König gilt der Literaturkritiker Marcel Reich-Ranicki. Rainer Heiner Henkel steht für Walter Jens, Wesendonck für Jürgen Habermas.

Martin Walser hat mit seinem Roman vor allem negative Besprechungen ausgelöst. Fast einhellig wird in dem Roman ein Racheakt Martin Walsers gesehen, dessen Bücher von Marcel Reich-Ranicki einige Male negativ beurteilt worden sind.

Gegenstand der öffentlichen Diskussion über Walsers 'Tod eines Kritikers' war weniger das Buch als solches, sondern waren die Spekulationen über die Beweggründe Walsers, es zu schreiben. In diese Diskussion waren große Teile der Literaturszene (Frank Schirrmacher, Hellmuth Karasek, Joachim Kaiser) involviert.

Die hier wiedergegebene Lachszene illustriert letztlich nur die Fähigkeit vor Publikum auftretender Personen, das Lachen dieses Publikums zuverlässig programmieren zu können.

Ausführlich wird die Fähigkeit Ehrl-Königs (Reich-Ranitzkis) dargestellt, mit einer bestimmten Art von Späßen das Publikum sozusagen auf Kommando 'zum Lachen zu bringen.'

Kapitel 4

Und sein im weiten Halbkreis vor ihm, fast um ihn herum und ein wenig unter ihm sitzendes Publikum lachte. Und er: Ja, Sie lachen, meine lieben Damen und werte Herren, das letzte Mal. Ich wette mit Ihnen, um was Sie wollen, dass jetzt schon ein Professor dabei ist, mir zu beweisen, dass ich überpointiere, um nachher überall zitiert zu werden. Da kann ich nur sagen: Herr Professor, unterpointieren liegt mir nicht. Und alle lachten.

Wie immer nach einem Höhepunkt, sagt der Professor, nimmt er die weggeworfenen Hände zurück und hebt den schräg hinunter gefallenen Kopf wie eine kostbare Last und setzt an zu einer Pathétique-Fuge. Immer wird er, wenn er die Leute zum Lachen gebracht hat, so ernst, als wolle er den Leuten nachträglich noch ihr Lachen vorwerfen.

(7) Michel Houellebecq (*1956) –
Die Möglichkeit einer Insel (2005)

In diesem Science-fiction-Roman kann nach einer Klimakatastrophe der Erde 'Daniel24', ein 'Neo-Mensch' der vierundzwanzigsten Generation, auf seinen genetischen Prototyp 'Daniel1' zurückblicken, der vor etlichen Jahrhunderten gelebt hat. Dessen damalige Äußerungen stehen Daniel24 digital gespeichert zur Verfügung. Daniel1 lebte in unserer Gegenwart und war von Beruf Comedian. Daniel1 und Daniel24 setzen sich u. a. mit dem Lachen, speziell mit dem kommerziell produzierten, auseinander.

Daniel 1, 4: *Ich hatte mir seit langem ein einfaches Prinzip zu eigen gemacht: Wenn ich zu irgendeinem Zeitpunkt in Lachen ausbrach, dann hieß das, dass das Publikum an dieser Stelle höchstwahrscheinlich ebenfalls lachen würde. Während ich mir diese Kassetten ansah, stellte ich fest, dass mir dabei immer unbehaglicher zumute wurde, ein Gefühl, das manchmal in Ekel umschlug. Zwei Wochen vor der Premiere wurde mir der Grund für dieses Unbehagen plötzlich klar: Weder mein Gesicht noch der stereotype Charakter mancher Mimiken aus dem Standardrepertoire jedes Komikers, die auch ich verwenden musste, waren daran schuld – nein, ich ertrug das Lachen nicht mehr, das Lachen als solches, diese plötzliche, heftige Verzerrung des Gesichts, die ihm augenblicklich alle Würde nimmt...*

Daniel 24, 4: *Dieser Teil von Daniels Bericht ist für uns vermutlich ziemlich schwer verständlich... aber diese urplötzliche, von einem spezifischen Glucksen begleitete Verzerrung des Gesichtsausdrucks, die er Lachen nannte, kann ich nicht nachvollziehen; ich kann mir nicht einmal dessen Mechanismus vorstellen...Es gibt mehrere Untersuchungen über das Verschwinden des Lachens beim Neo-Menschen; alle stimmen darin überein, dass es sehr schnell erfolgt ist.*

Auch Houellebecqs Daniel spricht von den Problemen, die er als Profikomiker mit seiner Aufgabe hat. Offensichtlich wird in der 24. Generation nicht mehr gelacht.

Houellebecqs Roman ist in Deutschland und dem Vernehmen nach auch in Frankreich sehr unfreundlich rezensiert worden. Auf die das Lachen betreffenden oben wiedergegebenen Passagen wird dabei allerdings nicht eingegangen.

2.3.2 Gekünsteltes Lachen

Marcel Proust (1871-1922) – In Swanns Welt (1913-1927)

Band 1 des Proustschen Hauptwerks *Auf der Suche nach der verlorenen Zeit*, trägt den Titel *In Swanns Welt*. Oft schildert Proust den Ablauf Pariser Soiréen, so auch einen geselligen Abend bei Herrn und Frau Verdurin. Die sorgfältige ins Détail gehende Beschreibung eines aufgesetzten künstlichen Lachens ist lesenswert:

Zweiter Teil: Eine Liebe von Swann
Wenn er [der Pianist] nicht spielte, plauderte man, und einer seiner Freunde, meist der zur Zeit besonders in Gunst stehende Maler, gab dann, wie Herr Verdurin es nannte, ‚ein tolles Ding zum Besten, dass die Zuhörer vor Lachen den Mund nicht wieder zubrachten‘, besonders Madame Verdurin, der Doktor Cottard tatsächlich eines Tages den Kiefer wieder einrichten musste, den sie sich durch zu starkes Lachen buchstäblich ausgerenkt hatte.

Von ihrem Hochsitz aus nahm sie [Madame Verdurin] lebhaft an den Gesprächen der Getreuen teil und belachte ihre Witze, aber seit der Kiefergeschichte verzichtete sie auf sehr nachdrückliche Heiterkeitsausbrüche und überließ sich statt dessen lieber einer konventionellen Mimik, die unanstrengend und gefahrlos zugleich, auszudrücken schien, dass sie Tränen lache. Bei dem geringfügigsten Scherzwort, das ein Getreuer gegen einen ‚Langweiler‘ oder einen früheren Getreuen vorbrachte, stieß sie ... einen kleinen Schrei aus, drückte ihre Vogelaugen ... fest zu und barg plötzlich, ... das Gesicht in den Händen, so dass es völlig bedeckt und nichts mehr davon zu sehen war; es schien dann, als müsse sie die größten Anstrengungen machen, um einen Lachanfall zu unterdrücken, der, wenn sie sich ihm hemmungslos überlassen hätte, zu einer Ohnmacht geführt haben würde.

2.4 Negatives Lachen

2.4.1 Höhnisches und blasphemisches Lachen

(1) Friedrich Gottlieb Klopstock (1724-1803) – Der Messias (1748-1773)

Mit dem Gedicht *Der Messias* knüpft Friedrich Gottlieb Klopstock an die antike Form des Epos an und stellt in zwanzig Gesängen mit knapp 20.000 Versen Passion und Auferstehung Christi dar. Das Erscheinen des Werks erstreckte sich auf ein Vierteljahrhundert.

Es geht Klopstock weniger um eine Darstellung von Ereignissen als vielmehr um eine Verkündigung der christlichen Botschaft. Freilich wurde das Werk bereits von Zeitgenossen lebhaft kritisiert, denn das Interesse an religiösen Erbauungsbüchern hielt sich schon im 18. Jahrhundert in Grenzen. Karl Philipp Moritz beschreibt in *Anton Reiser* (2.4.1 (3)) sehr ironisch eine Vorlesestunde wie folgt:

Neries (ein mit Anton Reiser befreundeter Student) *fand nun einen vorzüglichen Gefallen daran, Klopstocks Messiade Reisern ganz vorzulesen; bei der entsetzlichen Langenweile nun, die diese Lektüre beiden verursachte und die sie sich doch einander und jeder sich selber kaum zu gestehen wagten, hatte Neries doch noch den Vorteil des lauten Lesens, womit ihm die Zeit verging: Reiser aber war verdammt, zu hören und über das Gehörte entzückt zu sein, ...* (Karl Philipp Moritz in „Anton Reiser")

Im **Sechsten Gesang** geht es um den Prozess Jesu. Mehrere Zeugen sagen gegen ihn aus.

Jetzt redete der Vierte. Das wilde Lachen des Hohns stieg
ihm in die Minen empor, und tönt' in des Redenden Stimme.

Im **Dreizehnten Gesang** wird das Grab des Gekreuzigten leer vorgefunden. Abaddon ('Engel des Abgrunds') berichtet Satan über das Geschehene. Er stellt Satan vor die Wahl:

Der Tote,
Welcher aufersteht, er gebeut: Entweder entfliehet
Gleich in den Abgrund oder begleitet mich jetzt zu dem Hügel,
Wo er gekreuziget ward! Er steht bei dem Hügel vom Tod auf.
… Zischender Spott und brüllendes Hohngelächter erwarten
Euch in der Hölle.

Philo, bislang Erzfeind Jesu, erfährt von dem leeren Grab und entleibt sich:

Denn ein fürchterliches Gelächter erhub, in des Schreckens
Unsinn, Philo. So schweiget der Tod, so schwiegen die Priester;
Und auch Philo wieder.
... Indem er dies in sich selber
Sprach, enteilten ihm siebenfältige Schrecken, die stürzten
All' auf Philo. Der ging, mit fürchterlich lachender Ruhe,
Gegen Cneus, und fragte mit dumpfer langsamer Stimm' ihn:
Offen das Grab? und ohne den Toten? … Ja, ohne den Toten!

Stefan Busch ist der Auffassung, Philos Lachen sei das Verhalten eines menschlichen Subjekts in einer ausweglos desperaten Situation. Erkennbar sei Klopstock bestrebt gewesen, 'sich streng an die aus Theologie und Volksglauben gespeiste literarische Tradition zu halten, dass Gott, die Engel und die Heiligen allenfalls lächeln dürfen und dass Lachen und Gelächter Attribute der höllischen Mächte sind.' (Busch, S. 41 f.)

(2) Salomon Geßner (1730-1788) – Der Tod Abels (1758)

Wie Klopstocks *Der Messias* ist Salomon Geßners Prosaepos *Der Tod Abels* ein religiöses Erbauungsbuch. Es verwendet den biblischen Stoff aus dem 4. Kapitel des Ersten Buchs Moses (Genesis).

Erster Gesang
(Abel und seine Frau Thirza begrüßen den jungen Morgen.)

Da gingen Abel und seine geliebte Thirza aus ihrer Hütte hervor, in die nahe geruchreiche Laube von Jasminen und Rosen. Zärtliche Lieb und reine Tugend gossen sanftes Lächeln in die blauen Augen der Thirza,...Thirza sah mit zärtlichem Lächeln ihn an, und sprach: Geliebter! ... Sei uns gegrüßt, du liebliche Sonne hinter den Zedern herauf! du gießest Farb' und Anmut durch die Natur hin, und jede Schönheit lachet verjüngt uns wieder entgegen.

(Adam macht Kain wegen seiner verschlossenen Wesensart Vorwürfe.)

Kain antwortete: Müsst ihr denn immer mit diesen dunkeln Vorwürfen mich verfolgen? Wenn nicht immer dies angenehme Lächeln auf meinen Lippen sitzt, oder die Tränen der Zärtlichkeit von meinen Wangen fließen, ... diesem Ernst auf meiner Stirne kann ich nicht befehlen, dass er in Tränen und sanftes Lächeln zerfließe.

Dritter Gesang

Anamelech: *Wir wollen zu Taten sie verführen, dass die Engel mit Entsetzen von der Erde fliehen ... ; dann wollen wir von den schwarzen Ufern es sehen, laut lachend es sehen, wie sie in den flammenden Wellen der Hölle sich wälzen, die schönen Bewohner der neuen Schöpfung!*

Für Stefan Busch ist das zu viel des Höhnischen:

'Satan und Anamelech freuten sich 'laut lachend' oder 'mit hönischem (sic!) Lachen' über und auf den Erfolg ihrer Verführungskünste; wenn sie lächelten, dann 'höllisch', 'hönisch' oder 'mit
höllischer Freude'. *Doch je mehr Worte gemacht wurden, desto mehr
muss den späteren Leser das Gefühl beschlichen haben, dass nicht alles
und nicht das Wesentliche gesagt ist'.* (Busch, S. 42 f.)

Anamelech: Die Quellenlage zu Anamelech ist dürftig. Es ist
wohl richtig, ihn als Dämon oder Teufel zu bezeichnen. Eine Internetrecherche hat folgende Eintragung zutage gefördert: 'In Christian
demonology, Anamelech is an Assyrian goddess later claimed by
Christian sources to be a demon worshipped alongside Adramelech,
the sun god.'
Vgl. oben 2.4 (1) Klopstock, Messias, Dreizehnter Gesang]

(3) Karl Philipp Moritz (1756-1793) –
Anton Reiser (1785-1790)

Der unvollendete Roman *Anton Reiser*, dessen erste vier Teile
Moritz in den Jahren 1785 bis 1790 veröffentlicht hat, trägt deutlich
autobiographische Züge. Entstanden ist er im Zusammenhang mit
der Arbeit an dem von Moritz in zehn Bänden herausgegebenen
'Magazin zur Erfahrungsseelenkunde' als Darstellung eines Beispielsfalls. Er ist die Biografie eines begabten jungen Mannes, der
sehr um Anerkennung kämpft, aber unter der pietistischen Atmosphäre seines Elternhauses leidet. Anton ist zunächst Lehrling eines
Hutmachers, später Schüler einer Lateinschule und des Gymnasiums. Seine Hoffnungen, Theaterschaupieler zu werden, erfüllen
sich nicht. Hier bricht der Roman ab. (H.J. Schrimpf KNLL Band 11
S. 991 ff.)

Aus dem Ersten Teil

*Verfolgte ihn dann selbst da irgendeine menschliche Stimme aus einem
der benachbarten Häuser, oder hörte er singen, lachen oder sprechen, so
deuchte es ihm, als treibe die Welt ihr Hohngelächter über ihn, so verachtet,
so vernichtet glaubte er sich, seitdem er seinen Nacken unter das Joch eines
Tragkorbes gebeugt hatte.*

*Es war ihm denn eine Art von Wonne, selbst in das Hohngelächter mit
einzustimmen, das er seiner schwarzen Phantasie nach über sich erschallen
hörte – in einer dieser fürchterlichen Stunden, wo er über sich selbst in
ein verzweiflungsvolles Hohngelächter ausbrach, war der Lebensüberdruss
bei ihm zu mächtig, er fing auf dem schwachen Brette, worauf er stand, an
zu zittern und zu wanken.*

Aus dem Dritten Teil

*Nun wurden damals die 'Zwillinge' von Klinger (hier 2.2.3 (2)) zuerst
aufs Theater gebracht und freilich mit aller möglichen Kunst dargestellt.
Die bittre Lache, die Guelfo in der Verzweiflung über sich selbst aufschlug,
griff in Reisers innerste Empfindungen ein – er erinnerte sich dabei aller
der fürchterlichen Augenblicke, wo er wirklich am Rande der Verzweiflung stand und eben eine solche Lache über sich aufschlug – indem es
sein eigenes Wesen mit Verachtung und Abscheu betrachtete und oft mit
schrecklicher Wonne in ein lautschallendes Hohngelächter ausbrach.*

Stefan Busch geht ausführlich auf Anton Reisers Lachen ein: „Moritz (schildert) das in den pietistischen Strömungen ins wahrhaft
Gnadenlose gesteigerte christliche Lach- und Heiterkeitsverbot. ...
Immer wieder stimmt er, wenn er sich durch das höhnische Gelächter der anderen ‚gänzlich vernichtet‘ fühlt, in dieses Gelächter
ein und verwendet es auf diese – pathologische – Weise im Sinne
quietistischer Selbstertötung oder -auslöschung.“ (Busch, S. 76)

Vgl. zu Reisers Lektüre von Klopstocks Messias: 2.4 (1).

Siehe zum höhnischen Lachen auch:
2.2.3 (2) – Klinger – Die Zwillinge;
2.4.1: Höhnisches und blasphemisches Lachen

(4) John von Düffel (*1966) – Vom Wasser (1998)

Der Filmjournalist, Theaterkritiker, Dramaturg und Schriftsteller John von Düffel erzählt in seinem Roman *Vom Wasser* eine Familiengeschichte, die sich über fünf Generationen erstreckt. Diese sind durch das 'Element Wasser' miteinander verbunden.

Kapitel: Wasserschatten

Im MIttelpunkt des Kapitels *Wasserschatten* steht der gehbehinderte Großvater. Er war der dritte Sohn des Urgroßvaters, dem er im Unternehmen nachfolgen musste. Mit seiner Situation ist er unzufrieden. Das Verhältnis zur Belegschaft ist belastet.

Sie bewunderten ihn für das Verächtlichste, was er je an sich selbst entdeckt hatte, und dafür verachtete er sie um so mehr und trieb und übertrieb seinen höhnischen Spaß mit ihnen, ... Er musste lachen, abgrundtief lachen. Er konnte gar nicht mehr aufhören zu lachen. Er lachte weiter und weiter, bis er darüber lachte, dass er nicht aufhören konnte zu lachen und ganz allein war auf der Welt mit seinem Lachen, während die Missgunst ernst und betreten schwieg und ihm, dem Verachteten, Respekt zollte für einen Zorn, der das Verächtlichste überhaupt an ihm war.

Den Mitarbeitern kündigt er an, er wolle nach der Heimkehr seiner Brüder aus dem Krieg zurücktreten, um sich wieder der Malerei zu widmen, dem Studium der Farben, ihrer Wiedergabe durch das Wasser und der 'Wissenschaft des rechten Lichts'.

Und als er sich dies sagen hörte, wusste er, dass es stimmte ... Und er schaute auf ... und sah die lachenden Gesichter seiner Zuhörer, die losprusteten wie auf ein Stichwort, die sich gar nicht mehr einkriegten vor Lachen und immer, wenn sie sich halbwegs beruhigt hatten, wie unter

Stefan Busch wundert sich darüber, dass der Roman „keinerlei Zitate oder Anspielungen auf frühere literarische Texte [enthält] – mit einer möglichen Ausnahme: Als das Leben der Hauptfigur ... seinen Tiefpunkt erreicht, heißt es: ‚Er musste lachen, abgrundtief lachen.' "

In der Tat kann man es fast eine Gepflogenheit der Literaten nennen, in ihren Werken auf früheren anderer Autoren aufzubauen, sei es ausdrücklich, sei es so, dass es nur für den umfassend belesenen erkennbar ist.

Busch fährt fort: „Der erste Teil dieses Satzes ist identisch mit dem bekannten Satz aus Büchners Lenz" (2.5.1 (4)). „Die Einfachheit der Syntax macht es unmöglich zu bestimmen, ob es sich um ein beabsichtigtes Zitat handelt oder nicht. ... Sieht der Leser die Parallele und setzt die beiden Texte in Beziehung, so entsteht eine Spannung zwischen Büchners Erzählung mit seiner Glaubensthematik und von Düffels rein „weltlichem" Roman." (Busch, S. 186)

Zu den Bedenken, die sich hinsichtlich solcher Erwartungen an den Bücherfreund und -leser ergeben müssen:

- 1.2.4 Leserhorizont und Leserinteresse

zu 'Hohngelächter' auch:

- 2.3.1 (2) Thomas Mann – Der Tod in Venedig
- 2.4.3 Hermann Broch – Der Tod des Vergil

zu 'blasphemisch' auch

- 2.5.1 (3) Ludwig Tieck – William Lovell

2.4.2 Lachen und Grausamkeit

(1) Johann Karl Wezel (1747-1819) – Belphegor oder die wahrscheinlichste Geschichte unter der Sonne (1776)

Wezels *Belphegor* war lange Zeit in Vergessenheit geraten, Arno Schmidt (1914-1979) hat ihn wieder entdeckt.

Uwe Schweikert in ZEIT ONLINE: „Belphegor, ein unverbesserlicher Idealist, wird von Akante, seiner Geliebten, einer ‚wohlgebauten Edelnutte‘ (Schmidt), verstoßen. Sein Freund, ein kalter Fatalist ... rät Belphegor, in die Welt hinaus zu ziehen; so werde er schon einsehen, dass sie nicht die beste, sondern die schlechteste aller möglichen Welten sei. Was ihnen begegnet, was sie auch erfahren, immer läuft es auf das eine hinaus: homo homini lupus." (Schweikert, aaO)

Erster Band – 3. Buch

Das Verbrecherische der Handelnden wird oft dadurch unterstrichen, dass sie Grausamkeiten, die sie erleben oder verursachen, lachend kommentieren:

Ich ging nach meinem Abschiede von ihm über einen Platz, wo eine Menge Gaukler die Aufmerksamkeit des anwesenden Publikums an sich ziehen wollte. ... Einer darunter ... hatte die Bosheit, einen von seinen Leuten abzuschicken, der unter die Zuschauer der nächsten Buden brennende Schwärmer werfen musste: das Volk sprengte auseinander, war allen den Gauklern gram, wo sie mit diesem Feuerwerke begrüßt worden waren, und liefen dem haufenweise zu, der sie damit hatte begrüßen lassen; die übrigen wurden beinahe gestürmt. Sein Nachbar, der am meisten dabei gelitten hatte, dachte auf Ränke, sich zu rächen: er ließ heimlich ein Paar Kerle die Nägel an den Hauptbefestigungen von der Bude seines Feindes ausziehen, alsdann einen guten Stoß daran tun, und die Bude stürzte über dem Kopfe ihres Besitzers zusammen, quetschte ihn mit Lebensgefahr; lachte und ging zu dem andern über.

(2) Charles Robert Maturin (1782-1824) –
Melmoth der Wanderer (1820)

Charles Robert Maturin war ein irischer protestantischer Geistlicher. Er ist als Verfasser von Schauerromanen bekannt geworden. Der berühmteste ist *Melmoth der Wanderer*.

Melmoth hat einen Teufelspakt geschlossen, der ihm eine Lebensdauer von 150 Jahren garantiert. Diesen Vertrag kann er nur kündigen, wenn er einen anderen Menschen anbieten kann, der in den Vertrag eintritt. Melmoth versucht in den sechs durch eine Rahmenhandlung verbundenen Erzählungen immer wieder, eine solche Person zu finden, indem er Menschen in seelischer und körperlicher Not, für deren Entstehen er meist selbst verantwortlich ist, in Versuchung führt. Melmoth kann weder hoffen noch lieben noch weinen, dafür aber lachen. (Körte, S. 213) – (Walter Kluge KNLL Band 11 S. 343 f.)

Melmoths Lachen durchzieht den gesamten Roman:

Drittes Kapitel

(Zwei junge Menschen wurden vom Blitz erschlagen.)
Schon war man im Begriff, die Leichen fortzutragen, als eine weitere Person mit so sicherem Schritt und so kalter Ruhe auftrat, als kennte er keinerlei Gefahr und wäre nicht fähig, Furcht zu empfinden. Und nachdem der Ankömmling die Versammelten eine Zeitlang gemustert hatte, schlug er ein so lautes, unbändiges und lang anhaltendes Gelächter an, dass die verängstigten Bauern, von ihm nicht minder verstört als von dem Getöse des Unwetters, Hals über Kopf verschwanden, freilich nicht ohne die beiden Leichname mit sich zu nehmen.

Neuntes Kapitel

(Ein junges Paar wird in einem Kloster eingesperrt und dem Hungertod preisgegeben.)

Und es war in der vierten Nacht, dass ich den Aufschrei des unseligen Weibes vernahm: ihr Liebhaber hatte, in der ganzen bewusstlosen Qual seines Hungers, seine Zähne in ihre Schulter geschlagen – der weiche Busen, daran er so oft geschwelgt, wurde ihm nun zum Fraße. 'Du Ausgeburt! Du lachst darüber?' Ja wohl, ich lache über diese Menschheit, ich lache über ihre schale Heuchelei, mit der sie es wagt, ihr Herz zur Schau zu stellen! Ich lache über ihre Leiden, ihre Sorgen! Die Tugend und das Laster sind mir eines, die Religion ist mir ein Gelächter so gut wie alle Ehrfuchtslosigkeit.

Zwanzigstes Kapitel

Solche lustlose Heiterkeit ist ja oft nur die Maske, hinter welcher sich die verkrampften, verzerrten Züge der Seelenpein verbergen, und jenes Gelächter, das niemals ein Ausdruck der Begeisterung oder des Entzückens gewesen, es ist häufig genug die einzig verständliche Sprache des Irrsinns und der Verzweiflung.

Über Melmoths Lachen schreibt Charles Baudelaire in Vom Wesen des Lachens und von dem Komischen in der Kunst im allgemeinen:

„Und dieses Lachen ist die unaufhörliche Entladung seines Zornes und seines Leidens. ... Das ist ein Lachen, welches niemals schläft, wie eine Krankheit, die sich weiterschleppt und einen vorbestimmten Plan vollendet. So wird durch dieses Lachen Melmoths, welches der höchste Ausdruck für die Überhebung ist, beständig jener vorbestimmte Zweck vollzogen: Denn es zerrüttet und versengt die Lippen des verstockten Lachers." (Baudelaire, S. 17 f.)

(3) William Finger u. a. (1914-1944) – Batman (1940 ff.)

William „Bill" Finger ist, jedenfalls überwiegend, der Texter der Batman-Comics. Seit 1940 gibt es in Comics und Filmen über Batman auch die Figur des „Joker", eines Kriminellen mit einem clownähnlichen Erscheinungsbild: weißes ständig grinsendes Gesicht,

74

schwarz umrahmte Augenlider, grüne Haare und rote Lippen. Dieses Aussehen ist, so wird es von Batman-Spezialisten ziemlich übereinstimmend geschildert, auf einen Unfall zurückzuführen: Joker ist früher, als „normaler Mann" in einen Bottich mit Chemikalien gestürzt. Schon beim ersten Feststellen seiner Entstellungen soll er hemmungslos gelacht haben.

Der Joker ist Batmans Gegenspieler. In den 1960er Jahren gab es in den Vereinigten Staaten eine harmlose Fernsehserie „Batman hält die Welt in Atem". Jokers Markenzeichen war ein „gackerndes Lachen". In der Zeichentrickserie „Batman: The Animated Series" stellt die Figur des Joker einen ehemaligen Auftragsmörder dar, ihr Markenzeichen war auch hier ein eigentümliches Lachen.

Die Figur des Joker debütierte in Batman # 1 von 1940. Sie basiert in ihren Grundzügen auf der Figur des Gwynplaine, 1928 in dem Film *The Man Who Laughs* dargestellt von Conrad Veidt. Wie Bob Kane (als Zeichner) und Bill Finger (als Texter) übereinstimmend bezeugt haben, bildete Conrad Veidt in der Rolle des Gwynplaine die optische Vorlage für den Joker in den Batman-Comics.
(Vgl. Macho, aaO und 2.4.2 (3) Victor Hugo – Der lachende Mann)

Während bei Gwynplaine das vermeintliche Lachen nur optisch wahrzunehmen war, ist Joker durch sein Lachen auch akustisch aufgefallen. Im Laufe der Jahrzehnte war er unterschiedlich stark kriminell und gefährlich, sein Lachen war aber stets sein Markenzeichen.

Beispiele enthält die *Joker Anthologie – Die größten Schurkenstücke des Verbrecherclowns.* (Panini Comics, aaO)

- Batman Nr. 1, Frühjahr 1940
  Warum lachst du nicht, Joker? – Oh, gleich lach ich, Freundchen – Schallendes Gelächter dröhnt aus dem weit aufgerissenen Mund – Ha! Ha! Ha! Der Joker wird sterben! Ha! Ha! Mein Lachen verstummt! Ha! Ha! Ein toter Clown! Ha! Ha-ha-ha-ha!

- Detective Comics 168, Februar 1951
  All die Jahre lachte ich über euch! Ha,Ha! Ohne mich wüsstet ihr immer noch nicht, wer Red Hood wirklich ist!

- Batman: The Man who laughs, 2005
  Hahahahahahahahahahahahahaha, Sorry, manchmal bin ich zum Totlachen.

Film *The Dark Knight*

Fließtext ist in Comics die seltene Ausnahme, es gibt sie aber in der Vertextung des Drehbuchs zum Film *The Dark Knight* von Jonathan und Christopher Nolan:

Kapitel 21

Der Joker sprang aus seinem Truck und blickte zurück zu dem brennenden Wrack des Batmobils. Lachend zog er den toten Fahrer hinter dem Steuer hervor, nahm seinen Platz ein und lenkte den Truck auf die Straße zurück, um die Verfolgung des Panzerwagens wieder aufzunehmen. (O'Neil, S. 208 f.)

Die Männer des Jokers hatten sich aus den Trümmern des Trucks befreit und liefen auf ihren Boss zu. Einer von ihnen kniete sich neben Batman hin und griff nach dessen Maske. Ein elektrisches Knistern erklang. Der Mann schrie auf und fiel am ganzen Körper zuckend nach hinten. Der Joker fand es offenbar wahnsinnig komisch, dass sein Helfer einen Stromschlag von vielleicht fünfzigtausend Volt abbekommen hatte. Er lachte immer noch, als er die Klinge eines Schnappmessers hervorschnellen ließ und neben Batman in die Knie ging. (O'Neil, S. 214)

(4) Uzodinma Iweala (* 1982) – Du sollst Bestie sein (2008)

Uzodinma Iweala, US-Amerikaner mit nigerianischen Wurzeln, beschreibt in seiner Romancollage *Du sollst Bestie sein* Szenen aus dem Leben eines afrikanischen Kindersoldaten, der nach einem

Massaker an der Zivilbevölkerung seines Dorfes zwangsrekrutiert
wird und immer mehr Gewalt, Entsetzen und Einsamkeit erlebt.

*Wer ist der Anführer? Brüllt Kommandant, aber keiner antwortet. …
Du. Wo habt ihr eure Waffen, brüllt er. Steh auf. Wo sind sie? – Der Mann
sagt, wir wollen keinen Ärger. Aber Kommandant sagt, oho, dieser Hund
will keinen Ärger, und alle außer ich und Strika, der sowieso immer still ist,
lachen jetzt. Kehi-kehi-kehi-kehi, wie wenn das der beste Witz der Welt wär.*

*Der Mann schreit, AJEEII!, lauter als das Geräusch von Kugel, und
dann hält er die Hand an sein Kopf, aber das hilft nichts, weil sein Kopf
platzt auf und Blut läuft raus wie Milch aus Kokosnuss. Ich hör, die lachen
um mich, weil der versucht sein Kopf zusammenzuhalten. Der ärgert mich,
und ich heb' Machete rauf und runter und hör KAPAUU-KAPAUU jedes
Mal, und seh nur Rot, und hör die andern lachen KEHI-KEHI-KEHI-
KEHI.*

Klaus Theweleit untersucht in seiner Veröffentlichung *Das Lachen
der Täter* das Lachen von Schwerkriminellen während oder nach der
Tat. Er schreibt, das Lachen diene *nicht nur dem eigenen Durchbruch
in eine neue, gesichertere Körperlichkeit, währenddessen andere ihr Leben
lassen müssen. Es dient auch der Abwehr der eigenen Todesangst. Angst,
selber sterben zu müssen: durch die eigenen hier oder im Kampf gegen den
Feind durch eben diesen.* (Theweleit, aaO Lachen 2. Zentralafrika)

2.4.3 Ordinäres Lachen

Hermann Broch (1886-1951) –
Der Tod des Vergil (1939-1945)

Hermann Brochs Roman *Der Tod des Vergil* schildert die letzten
achtzehn Stunden im Leben des römischen Dichters Vergil. Vergil
möchte sein Werk, die 'Äneis', vernichten, denn seine 'Äneis als Verherrlichung Roms gilt dem sterbenden Dichter nur noch als Lüge',
als 'Verrat am Erkenntnisauftrag des Dichters'. Das Werk sei einer

Übersprachlichkeit verfallen, 'welche die Wirklichkeit verfehlte und, mehr noch, diese hinter einer Lügenfassade verbergen half'. Auf der anderen Seite stehe die 'Untersprachlichkeit' des 'Großstadtpöbels mit seinem fanatischen Gegröle und bestialisch-obszönen Gelächter'. (Busch, S. 109)

Vergil beobachtet drei betrunkene Personen, zwei Männer, einer hinkend, einer fettleibig, und eine Frau, die einander beschimpfen. Es geht um Geld. Sie Szene wird in einer faszinierenden Sprachgewalt dargestellt:

Kapitel II Feuer – Der Abstieg

'Sechse gibst ihm!' befahl sie mit einem umkippend fettigen Kreischen, hinter dessen ungeduldig fordernder Dringlichkeit irgendetwas kriecherisch Erbötiges herauslugte, freilich ohne damit viel zu erreichen, denn nun bestand die Antwort bloß aus einem kehlig-höhnischen Lachen. Und gereizt von dem Lachen und dem unangreifbaren Hohn, überschlug sich die Weibsstimme zur Wut:

... bis sie eben doch durch das neuanhebende, neuaufdröhnende Lachgebell abgebrochen wurde, jählings abgehackt durch ein Lachen, in das nun auch das dicke Paar einstimmte, zuerst tenorig hell, geradezu rosig zwitschernd der Fettwanst, sodann willenlos kollernd, schwabbelig gackernd die Frau, und der Stock schlug den Takt, dreimäulig das Lachen, das schüttelnde Lachen, das aus einer unbekannten Feuertiefe feucht heraufquoll.

Broch selbst hat offenbar dieser Säuferszene eine besondere Bedeutung beigemessen. Sie erstreckt sich in der Ausgabe als Suhrkamp Taschenbuch auf über sechs eng bedruckte Seiten. Nachdem die drei Personen aus Vergils Blickfeld verschwunden sind, lässt Vergil die Szene noch einmal in Gedanken Revue passieren, eine sehr ausführliche theoretische Betrachtung in erster Linie des Lachens schließt sich an:

Wer waren die drei gewesen? ... Oh, nicht ihm hatten diesmal die Schimpfworte gegolten, nicht ihm galt der Hohn und das Lachen, von dem die drei geschüttelt worden waren, dieses grölende, bellende, mitreißende Mannslachen, das mit dem Weiberlachen aus der Elendsgasse keinerlei Ähnlichkeit besaß, nein. Ärgeres regte sich in diesem Lachen, ... gleichsam ein außermenschliches Lachen, dessen Hohnbereich den sachlichen Weltbestand als solchen umfasst, und das, über jeden menschlichen Bereich hinausreichend, den Menschen nicht mehr verlacht, wohl aber mit der Bloßstellung der Welt ihn einfach vernichtet; oh, so hatte es im Lachen der drei Gestalten geklungen, Entsetzen ausdrückend, Entsetzen vermittelnd, das Mannslachen, das spaßgrölende Lachen des Entsetzens!

Maurice Blanchot (1907-2003): „... In einem bestimmten Augenblick erhebt er sich ... vom Ruhelager und tritt ans Fenster, wo er einem Zank zwischen Betrunkenen beiwohnt, dem Schwanken und Grölen eines Säufer-Trios, dessen Gelächter wie aus dem Abgrund zu ihm hinaufspritzt, einem Gelächter, das mit „unbeschwert müheloser Treulosigkeit" den Eidschwur zwischen Menschen zerbricht; und an diesem Treuebruch fühlt er sich mitschuldig, hat selber Anteil an ihm und wird sich durch ihn seiner Hilfsunfähigkeit bewusst." (Blanchot, S. 163)

Hermann Broch selbst hat sein Werk wie folgt kommentiert: *Allerdings: es ist ein schwieriges Buch, ... Ob es mir bei einem nochmaligen Durcharbeiten gelänge, dieser Schwerverständlichkeit, die schließlich aus dem Thema entspringt, Herr zu werden und das Werk den Bedürfnissen größerer Leserschichten entgegen zu bringen, vermag ich noch nicht zu sagen; ich wäre froh, wenn solches gelänge, denn es gehört zur sozialen Aufgabe der Kunst und der Erkenntnis, das Schwerstverständliche verständlich zu machen.* (Broch, Der Tod des Vergil, Kommentare, S. 455 ff., 464)
(Siehe auch oben 1.2.4 – Leserhorizont und Leserinteresse)

2.4.4 Auslachen

(1) Homer (um 800 v. Chr.) – Ilias (ebenso)

Die *Ilias*, eines der ältesten schriftlich fixierten Werke Europas, besteht aus 24 „Gesängen" mit rund 15.000 Versen. Der Name Ilias leitet sich her aus dem Namen Ilion für die antike Stadt Troja; in der Ilias wird der Trojanische Krieg zwischen Troja und den Griechen beschrieben. (Zu Homer: siehe 2.2.1 (1) – Odyssee)

Wie in der Odyssee gibt es auch in der Ilias Szenen, die im Götterhimmel spielen. Im Ersten Gesang ist zwischen Zeus und seiner Ehefrau Hera ein Streit ausgebrochen. Hephaistos erinnert Hera an die Ursache seines Hinkens: Er hatte sich einmal in einem Streit zwischen Zeus und Hera auf Heras Seite gestellt. Zeus fasste ihn damals an der Ferse und schleuderte ihn weg, so dass er bis zur Insel Lemnos flog. Er wurde gesund gepflegt, das Hinken blieb.

Hephaistos schenkt seiner Mutter und den anderen Anwesenden „süßen Nektar" ein. Der Anblick des gehbehinderten, sich aber dennoch eilfertig bewegenden Hephaistos lässt unauslöschliches „homerisches" Gelächter (asbestos gelos) ausbrechen:

Erster Gesang

Lächelnd darauf entnahm sie der Hand des Sohnes den Becher.
Jener schenkte nunmehr auch der übrigen Götterversammlung
Rechts herum, dem Kruge den süßen Nektar entschöpfend.
Doch unermessliches Lachen erscholl den seligen Göttern,
Als sie sahn, wie Hephaistos in emsiger Eil' umher ging.
(Verse 596-600)

Karl-Josef Kuschel beschreibt das „homerische Gelächter" als „ein Lachen auf der Grenze zur Häme, moralisch unbekümmert um den Schwachen, der die Lacher nicht auf seiner Seite, sondern gegen sich hat." (Kuschel, S. 25)

(2) Platon (ca. 428-348 v. Chr.) – Theaitetos (ca. 360 v.Chr.)

Die Wiedergabe eines fiktiven Gesprächs zwischen zwei oder mehreren Teilnehmern war im Altertum eine beliebte Form der literarischen Darstellung, insbesondere der Erörterung philosophischer Themen. Oft wurden in diesen „Dialogen" die behandelten Fragen letztlich offen gelassen und der Leser dadurch zu eigenem Nachdenken motiviert.

Als der Klassiker unter den Texten, denen ein Bezug zum Lachen zugeschrieben wird, gilt eine Stelle aus einem Dialog von Platon. In diesem erinnert Sokrates seinen Gesprächspartner Theodoros an eine Begebenheit, in der es um den Philosophen Thales von Milet geht:

Wie auch den Thales, o Theodoros, als er, um die Sterne zu beschauen, den Blick nach oben gerichtet in den Brunnen fiel, eine artige und witzige thrakische Magd soll verspottet haben, dass er, was am Himmel wäre, wohl strebte zu erfahren, was aber vor ihm läge und zu seinen Füßen, ihm unbekannt bliebe, mit diesem nämlichen Spotte nun reicht man noch immer aus gegen alle, welche in der Philosophie leben. (Platon,Theaitetos 174 a–b)

(Schleiermachers Übersetzung aus dem Jahr 1817 klingt heute etwas sperrig. Man könnte es mit der folgenden versuchen: 'Als Thales die Sterne betrachten wollte und deshalb nach oben schaute, fiel er in einen Brunnen. Eine witzige Magd, eine Thrakerin, soll ihn verspottet haben: Was am Himmel sei, wolle er erfahren, was aber direkt vor ihm liege, sehe er nicht.')

Die genannte Stelle des Dialogs wurde unter der Überschrift „Die thrakische Magd" bekannt.

Das im Original verwendete Wort aposkoptein wird oft statt mit „verspotten" mit „auslachen" übersetzt. in den altgriechisch-englischen Wörterbüchern wird „to jeer, to banter, to rally" benutzt,

das heißt durchweg spotten, höhnen, necken, „aufziehen", hänseln,
aber nicht „lachen". Einige Sätze später spricht Sokrates allerdings
von einem, der, *wenn er mit jemand für sich Geschäfte zu treiben hat,
oder auch in öffentlichen Angelegenheiten, wie ich anfangs sagte, wenn er
etwa vor Gericht oder sonst irgendwo von dem, was vor den Füßen oder
sonst vor aller Augen ist, genötiget wird zu reden, so erregt er Gelächter,
nicht nur den Thrakierinnen, sondern auch dem übrigen Volk, indem er
aus Unerfahrenheit in Gruben und in allerlei Verlegenheit hineinfällt, und
seine gewaltige Ungeschicktheit erregt die Meinung, er sei unverbesserlich.
... Weil er nun keinen Rat weiß, erscheint er lächerlich. Und wiederum,
wo gelobt und in prächtigen Worten geredet werden soll von anderen,
zeigt sich, dass er lacht, nicht nur verstellterweise, sondern ganz herzlich,
und so erscheint er albern.* (Platon,Theaitetos 174 c-d)

In deutschen Kommentierungen ist das „Verspotten" weitestge-
hend zu einem „Lachen" geworden: Für Odo Marquard steht es
fest, dass die Magd gelacht hat, auch Hannah Arendt lässt in ihrem
Nachruf auf Martin Heidegger die Magd nicht spotten, sondern
lachen, Hans Blumenberg hat seiner „Urgeschichte der Theorie"
den Titel „Das Lachen der Thrakerin" gegeben. (Marquard, aaO, Arendt, S.
191, Blumenberg, aaO)

Nimmt man die beiden zitierten Stellen über die Thrakerinnen
zusammen, dann kann man es wohl durchgehen lassen, dass die
Magd beim Spotten auch gelacht hat. Und damit wären wir beim
Auslachen.

Der Dialog Theaitetos war zwei Jahrtausende lang Gegenstand
unterschiedlichster philosophischer Erörterungen (Diogenes Laër-
tius, Nietzsche, Blumenberg). In diesen geht es vor allem um die
Frage, ob die Beschäftigung mit der Praxis oder mit der Theorie
für das jeweils Andere ungeeignet mache usw. Ob der schnippi-
schen Bemerkung der thrakischen Magd ein tiefgründiges („philo-
sophisches") eigenes Nachdenken vorausgegangen ist, werden wir
ohnedies nie erfahren.

(3) Bibel – Neues Testament (ca. 70-80)

Die vier Evangelien gehen auf Matthäus, Markus, Lukas und
Johannes zurück, wurden aber nicht von diesen selbst geschrieben,
sondern sind erst um 70-90 nach Christi Geburt entstanden.

Mehrere Stellen des Neuen Testaments zeigen, dass Jesus neben
Anhängern auch Gegner hatte. Das sind nicht nur die, in denen beispielsweise die Pharisäer Jesus durch politisch brisante Fangfragen
„in eine Falle locken" wollten, sondern auch jene, in denen Jesus
einfach ausgelacht wurde.

Da geht es einmal um die Erweckung der Tochter eines Synago-
genvorstehers:

*Da er solches mit ihnen redete, siehe, da kam einer der Obersten und
fiel vor ihm nieder und sprach: „Herr, meine Tochter ist jetzt gestorben;
aber komm und lege deine Hand auf sie, so wird sie lebendig." ... Und
als er in des Obersten Haus kam und sah die Pfeifer und das Getümmel
des Volks, sprach er zu ihnen: „Geht, denn das Mädchen ist nicht tot,
sondern es schläft." Da lachten sie ihn aus. Als man die Leute hinausge-
drängt hatte, trat er ein und fasste das Mädchen an der Hand; da stand es
auf."* (Matthäus 9, 18-24, ebenso Markus 5, 38-39 und Lukas 8, 49-53)

Auch während der Kreuzigung wurde Jesus „verlacht":

*Die Leute standen dabei und schauten zu; auch die führenden Männer
des Volkes verlachten ihn und sagten: „Anderen hat er geholfen, nun soll
er sich selbst helfen, wenn er der erwählte Messias Gottes ist."*
(Lukas 23, 35, ähnlich Matthäus 27, 39-44)

(4) Heinrich Hoffmann (1809-1894) – Der Struwwelpeter (1845)

Als das erste Buch, das nachweisbar für die Zielgruppe der Kinder geschrieben wurde, gilt *Der Struwwelpeter*. Der Frankfurter Arzt
und Psychiater Heinrich Hoffmann hat es 1844 für seinen ersten

damals dreijährigen Sohn Carl Philipp verfasst und illustriert. Die
Kinderbücher, die es im Handel gab, gefielen ihm nicht. Er schreibt:

*„Das Heft wurde eingebunden und auf den Weihnachtstisch gelegt. Die
Wirkung auf den beschenkten Knaben war die erwartete; aber unerwartet war die auf einige erwachsene Freunde, die das Büchlein zu Gesicht
bekamen. Von allen Seiten wurde ich aufgefordert, es drucken zu lassen
und es zu veröffentlichen. Ich lehnte es anfangs ab; ich hatte nicht im
entferntesten daran gedacht, als Kinderschriftsteller und Bilderbüchler
aufzutreten."*

In der ersten hier wiedergegebenen Geschichte wird Hans wegen
eines selbst verschuldeten Missgeschicks ausgelacht, in der zweiten
werden drei Knaben bestraft, weil sie über einen Dunkelhäutigen
gelacht haben.

Die Geschichte vom Hans Guck-in-die-Luft

*... Doch die Fischlein alle drei,
Schwimmen hurtig gleich herbei;
Strecken 's Köpflein aus der Flut,
Lachen, dass man's hören tut,
Lachen fort noch lange Zeit;
Und die Mappe schwimmt schon weit.*

Die Geschichte von den schwarzen Buben

*Es ging spazieren vor dem Tor
Ein kohlpechrabenschwarzer Mohr....
Da kam der Ludwig hergerannt
Und trug sein Fähnchen in der Hand.
Der Kaspar kam mit schnellem Schritt.
Und brachte seine Bretzel mit.
Und auch der Wilhelm war nicht steif
Und brachte seinen runden Reif.
Die schrie'n und lachten alle drei,*

Als dort das Mohrchen ging vorbei,
Weil es so schwarz wie Tinte sei
Da kam der große Nikolas
Mit seinem großen Tintenfaß.
Der sprach: Ihr Kinder, hört mir zu
Und laßt den Mohren hübsch in Ruh'!...
Der Niklas wurde bös und wild,
Du siehst es hier auf diesem Bild!
...Den Kaspar auch, der wehrte sich.
Er tunkt sie in die Tinte tief
Wie auch der Kaspar: "Feuer."rief...
Und hätten sie nicht so gelacht,
Hätt' Niklas sie nicht schwarz gemacht.

Rudolf Helmstetter: „Auch die Unschuld des Lachens ist ... bald dahin. Dass Kinder mit aller Häme, in frühreifer, sozusagen antizipatorischer, Bosheit lachen können wie die alten, ist mit dem Struwwelpeter belegt. ... Lachen heißt auch Zähne zeigen (Lorenz), anstatt sie in die Beute zu schlagen (Canetti), sublimiertes Fressen, Vorgeschmack oder Nachschmecken des Zerreißens der Beute."
(Helmstetter, S. 765)

2.5 Besondere Lacharten

„Lachszenen", bei denen es schwierig war, sie einer der Kategorien „positiv", „neutral" oder „negativ" zuzuordnen, haben hier ihren Platz gefunden.

2.5.1 Verzweifeltes Lachen

(1) Milan Kundera (*1929) – Die Kunst des Romans (1986)

Milan Kundera hat im Sechsten Teil seines Buches *Die Kunst des Romans* zu 'Fünfundsechzig Wörtern', die lexikonartig alphabetisch gereiht sind, kleine Anmerkungen geschrieben.

Zur Entstehung dieses Textes schildert er die Nöte eines Autors, der die Übersetzungen seiner Werke in andere Sprachen erleiden muss, und schreibt dann über einen Rat, den ihm Pierre Nora, Mitglied der Académie française und Herausgeber der Zeitschrift Le Débat, „mit kaum verhülltem Mitgefühl" gegeben habe: „Vergiss endlich deine Qualen und schreib lieber etwas für meine Zeitschrift. Die Übersetzungen haben dich gezwungen, über jedes deiner Wörter nachzudenken. Schreib doch dein persönliches Wörterbuch. Das Wörterbuch deiner Romane, deine Schlüsselwörter, deine Problemwörter, deine Lieblingswörter ..."

Ein Teil des Ergebnisses dieses Rates:

LACHEN (europäisches).

Für Rabelais waren Fröhlichkeit und Komik noch eins. Im 18. Jahrhundert ist Sternes und Diderots Humor noch eine zarte, nostalgische Erinnerung an die Rabelais'sche Fröhlichkeit. Im 19. Jahrhundert ist Gogol ein melancholischer Humorist: „Wenn man eine komische Geschichte lange und aufmerksam betrachtet, wird sie immer trauriger", sagt er. Europa hat die komische Geschichte seiner eigenen Existenz so lange betrachtet, dass sich im 20. Jahrhundert Rabelais' fröhliches Epos in die verzweifelte

Komödie Ionescos verwandelt hat: „Es ist wenig, was das Schreckliche vom Komischen trennt" (Ionesco). Die europäische Geschichte des Lachens geht zu Ende.

Kundera hat diesen Text 1985 geschrieben. Angesichts der Entwicklungen, die beispielsweise in der Zeit danach bezüglich der Kriterien für Literaturauszeichnungen zu beobachten waren (vgl. unten 5.3.1.3), war das nahezu prophetisch: Für auszeichnungswürdig werden seit einigen Jahren offenbar vor allem schriftstellerische Werke gehalten, die sich mit negativen Aspekten unserer Zeit befassen.

(2) Friedrich Schiller (1759-1805) –
Der Verbrecher aus verlorener Ehre (1786/1792)

Diese Erzählung ist zunächst 1786 anonym in der von Schiller herausgegebenen Zeitschrift Thalia mit dem Titel *Verbrecher aus Infamie, eine wahre Geschichte* erschienen; erst später, 1792, wurde sie überarbeitet und unter der endgültigen Überschrift in der Sammlung *Kleine prosaische Schriften* publiziert.

Christian Wolf, auch „der Sonnenwirt" genannt, wird aus Geldnot zum Wilddieb, um seine Geliebte Johanna mit Geschenken beeindrucken zu können. Sein Nebenbuhler Robert ertappt ihn bei der Wilderei und erstattet Anzeige. Wolf wird bestraft. Nach der dritten Strafe erkennt Wolf seine Lage und beschließt, die Wilderei fortan systematisch und nicht mehr nur von Fall zu Fall aus der Not heraus zu betreiben. Eines Tages, als er gerade einen Hirsch schießen will, entdeckt er seinen Rivalen Robert, der das Tier ebenfalls anvisiert. Er erschießt Robert hinterrücks. Danach bricht er in irres Gelächter aus. Später wird er verhaftet und hingerichtet.

Wolf selbst schildert seine Straftat wie folgt:

Eine Minute lang blieb der Lauf meiner Flinte ungewiss zwischen dem Menschen und dem Hirsch mitten inne schwanken – eine Minute – und

*noch eine – und wieder eine. Rache und Gewissen rangen hartnäckig und
zweifelhaft, aber die Rache gewann's, und der Jäger lag tot am Boden. –
,Mörder' ... stammelte ich langsam ... ich hörte deutlich, dass ich ,Mörder'
sagte. Als ich näher schlich, starb der Mann. Lange stand ich sprachlos vor
dem Toten, ein helles Gelächter endlich machte mir Luft. ,Wirst du jetzt
deinen Mund halten, guter Freund' sagte ich und trat keck hin, indem ich
zugleich das Gesicht des Ermordeten auswärts kehrte. Die Augen standen
ihm weit auf. Ich wurde ernsthaft und schwieg plötzlich wieder stille. Es
fing mir an, seltsam zu werden.*

Stefan Busch interpretiert, Christians Gelächter verrate die Rückkehr des Bewusstseins und die Erkenntnis der Bedeutung des Ge-
schehenen. (Busch, S. 72)

(3) Ludwig Tieck (1773-1853) -
Geschichte des Herrn William Lovell (1795-1796)

In den Jahren 1795 und 1796 hat Ludwig Tieck seinen Briefroman
Geschichte des Herrn William Lovell geschrieben. Die Handlung spielt
in Italien: Waterloo, der sich in Italien Andrea Cosimo nennt, will
Lovell und dessen Sohn William vernichten: Er hält sie für verantwortlich dafür, dass er vor langer Zeit die von ihm verehrte Marie
nicht heiraten konnte, Walter Lovell war ihm zuvorgekommen. Für
seine Pläne spannt er u. a. Rosa ein.

Zehntes Buch

Im 14. Brief schildert William Lovell in einem Brief an Rosa den
Tod Andrea Cosimos (Waterloos):

William Lovell an Rosa

*- So hören Sie dann: – Andrea ist tot. – Ich sah ihn sterben. – Er lachte
und verwünschte dann sich und die Welt; er schien selbst den Tod und
seine Zuckungen als ein Possenspiel anzusehn.*

88

Über mein zerrissenes Herz, über meine zermalmte Glückseligkeit lachte er immer wieder von neuem und sagte, das alles käme mir nur so vor, weil ich ein Narr sei. Dann stöhnte er wieder dazwischen ... und schlug dann wieder ein helles Gelächter auf. ... Als wenn ein fremdes, unbekanntes Wesen in ihm hämmerte und zum Tageslichte herauswollte, so lag er mit seinen Krämpfen vor mir da, und ich lachte am Ende selbst über die seltsamen Verzerrungen seines alten Gesichts. – Und nun war er tot.

Angesichts der Entstehungszeit des Romans ist für Stefan Busch Andrea Cosimos Lachen nichts Außergewöhnliches: Das Motiv eines schaurig-blasphemischen Gelächters habe Tieck mit Sinn für Effekte seit dem frühen Beginn seiner Schriftstellerlaufbahn ausgiebig verwendet, wie überhaupt „am Ausgang des 18. Jahrhunderts blasphemisches Gelächter zum Versatzstück dichterischer Produktion geworden" sei. (Busch, S. 115)

(4) Georg Büchner (1813-1837) – Lenz (1835)

Der Erzählung *Lenz* liegen tatsächliche Ereignisse zugrunde: Jakob Michael Reinhold Lenz, 1751 in Livland geboren und 1792 in Moskau verstorben, war selbst Schriftsteller, hielt sich lange Zeit in Deutschland auf und pflegte u. a. Kontakt mit Goethe. 1777/1778 kam es zum Ausbruch einer psychischen Krankheit, von der er sich nicht mehr wirklich erholt hat.

Georg Büchner hat sich 1835 in seiner Erzählung Lenz mit einem kurzen Abschnitt des Lebens des Schriftstellers Lenz befasst. Die Erzählung lehnt sich sehr eng an die realen Begebenheiten an:

Lenz ist auf der Reise in das Bergdorf Waldbach zu Pfarrer Oberlin. Er ist psychisch schon seit einiger Zeit in einer schlechten Verfassung. Als Pfarrer Oberlin am nächsten Tag ohne Lenz zu einer Reise in die Schweiz aufbricht, kommt es zur Krise: Bei einer Wanderung findet Lenz Unterschlupf in einer Hütte, in der er ein todkrankes Mädchen vorfindet, dem er nicht helfen kann.

Er kam in's Haus, wo das Kind lag. Die Leute gingen gleichgültig ihrem Geschäfte nach; man wies ihm eine Kammer, das Kind lag im Hemd auf Stroh, auf einem Holztisch. Lenz schauderte, wie er die kalten Glieder berührte und die halbgeöffneten gläsernen Augen sah… er warf sich nieder, er betete mit allem Jammer der Verzweiflung, dass Gott ein Zeichen an ihm tue, und das Kind beleben möge, wie er schwach und unglücklich sei; dann sank er ganz in sich und wühlte all seinen Willen auf einen Punkt, so saß er lange starr.

Dann erhob er sich und fasste die Hände des Kindes und sprach laut und fest: Stehe auf und wandle! Aber die Wände hallten ihm nüchtern den Ton nach, dass es zu spotten schien, und die Leiche blieb kalt. Da stürzte er halb wahnsinnig nieder, dann jagte es ihn auf, hinaus ins Gebirg. … Lenz musste laut lachen, und mit dem Lachen griff der Atheismus in ihn und fasste ihn ganz sicher und ruhig und fest.

Diese Szene des Lachens wurde recht ergiebig und ausführlich kommentiert:

Hans Jürgen Benedict: Es gibt ein Lachen, das bitter, sinnzerstörend und zynisch ist. Das Lachen Lenz' ist in letzter Konsequenz ein gotteslästerliches Gelächter. So bilden in Büchners Lenz Naturentfremdung, bitteres höllisches Lachen und Atheismus eine Trias." <u>(Benedict,</u> aaO)

Ariane Martin: „Lenz lacht, und zwar keineswegs wahnsinnig, im Gegenteil. Dieses Lachen ist als Akt der Vernunft zu lesen. Es ist als kühl distanzierte Selbsterkenntnis ausgewiesen, als ein wissendes Lachen über die eigene depressive Verstimmung. Das Lachen der Lenz-Figur in ihrem Gefühl der Stärke ist an dieser Stelle das vernünftige Lachen des autonomen Subjekts, ein Lachen des seiner sicheren Intellekts, der sich gleichwohl im körperlichen Ausdruck des Lachenmüssens quasi spontan manifestiert." <u>(Martin,</u> S. 70 f.)

(5) Gustave Flaubert (1821-1880) – Madame Bovary (1857)

Der Roman *Madame Bovary. Ein Sittenbild aus der Provinz* ist das erste gedruckte und wohl auch erfolgreichste Werk von Gustave Flaubert. Zugrunde lag eine wahre Begebenheit: Wenige Jahre zuvor hatte in einem Dorf in der Normandie, Flauberts Heimat, die Ehefrau eines Landarztes die Ehe gebrochen, Schulden gemacht und sich dann vergiftet. Eine literarische Darstellung des Ehebruchs, die sich jeder Bewertung, erst recht jeder Missbilligung, des Ehebruchs enthält, war zur Zeit des Entstehens des Romans ungewöhnlich. Es kam deshalb zu einem Prozess, der jedoch für den Autor mit einem Freispruch endete.

Die Handlung: Emma ist mit dem Arzt Charles (in deutschen Übersetzungen meist: Karl) Bovary verheiratet. Sie ist mit ihrem Leben unzufrieden und beginnt ein Verhältnis mit dem Grundbesitzer Rodolphe. Unter anderem weil sie ihm teure Geschenke macht, verschuldet sie sich. Das Verhältnis geht zu Ende, ein neues beginnt, mit einem Léon.

Die Bovarys werden wegen einiger Wechsel, die Emma unterzeichnet hat, in Anspruch genommen. Weder Léon noch Rodolphe können oder wollen ihr helfen.

Drittes Buch – Fünftes Kapitel

(Die finanziellen Probleme spitzen sich zu. Es geht um eine Generalvollmacht. Charles Bovary soll versprochen haben sie zu vernichten.)

... Da ging Emma aus dem Zimmer, kam sehr bald wieder und händigte ihrer Schwiegermutter ein großes Schriftstück ein. – 'Ich danke dir!' sagte die alte Frau und steckte die Urkunde in den Ofen. Emma brach in eine rauhe, scharfe, andauernde Lache aus. Sie hatte einen Nervenschock bekommen. – 'Ach du mein Gott!' rief Karl aus. 'Siehst du, Mutter, du darfst ihr nicht so zusetzen!' Sie zuckte mit den Achseln. Das sei alles 'bloß Tuerei!'.

Drittes Buch – Neuntes Kapitel

(In ihrer Verzweiflung vergiftet sich Emma mit Arsen.)
Emma richtete sich ein wenig auf, wie eine Leiche, durch die ein elektri-
scher Strom geht. Ihr Haar hatte sich gelöst, ihre Augensterne waren starr,
ihr Mund stand weit offen. – Sie brach in Lachen aus, in ein furchtba-
res, wahnsinniges, verzweifeltes Lachen, weil sie in ihrer Phantasie das
scheußliche Gesicht des Unglücklichen sah, wie ein Schreckgespenst aus
der ewigen Nacht des Jenseits.... Ein letzter Krampf warf sie in das Bett
zurück. Alle traten hinzu. Sie war nicht mehr.

Jürgen Wertheimer: „Diese letzte, nicht subversive, sondern selbst-
destruktive Form des Lachens kündigt den Pakt mit der Gesellschaft
radikal auf, weit schlimmer, sie kündigt den Pakt mit sich selbst
auf, verlacht den Glauben an die eigene Identität und artikuliert so
affektsprachlich das eigene Todesurteil." <u>(Wertheimer,</u> S. 322 f.)

(6) Elias Canetti (1905-1994) – Die Blendung (1936)

Der Roman *Die Blendung* ist unterschiedlich aufgenommen worden. Hans Magnus Enzensberger kommt zu folgendem Verriss:

'Arglose Leser vor diesem Buch zu warnen, scheint überflüssig.
Arglose Leser wittern Ärger und verlassen sich auf ihren Instinkt.
Die Ursache dieser hartnäckigen Ablehnung ist rasch gefunden: Die
Blendung ist ein unerträgliches Buch, ein literarisches Monster.'
<u>(Enzensberger</u> (a), S. 48 f.)

Der Sinologe Peter Kien will nur noch für seine wissenschaftliche
Arbeit leben und zieht sich in seine Privatbibliothek zurück. Er
heiratet seine Haushälterin. Die sich als habgierig entpuppt und
ihn aus der Wohnung verdrängen will.Damit kommt Kien nicht
zurecht. Kien wird seiner Ängste nicht mehr Herr und verbrennt
sich mit einem „apokalyptischen Gelächter" inmitten seiner Bücher.

Dritter Teil – Welt im Kopf – Der rote Hahn

Von den Regalen stürzen sich Bücher zu Boden. Er fängt sie mit langem Arm auf. Sehr leise, damit man ihn von außen nicht höre, trägt er Stoß um Stoß in den Vorraum hinüber. An der eisernen Türe schichtet er sie hoch. Und noch während der wüste Lärm sein Hirn zerfetzt, baut er aus Büchern eine mächtige Schanze. ... Er stellt die Leiter in die Mitte des Zimmers, wo sie früher stand. Er steigt auf die sechste Stufe, bewacht das Feuer und wartet. Als ihn die Flammen endlich erreichen, lacht er so laut, wie er in seinem ganzen Leben nie gelacht hat.

Renate Jurzik beschreibt das Lachen Kiens: 'Wir kennen das Lachen, das den katastrophischen Ausgang nicht verhindern kann, aus der Literatur wie aus Filmen. Sei es das wahnsinnige Gelächter des Herrn Kien in Elias Canettis Roman Die Blendung, das im selbst gelegten Brand der Bibliothek von den Sprossen der Leiter herab ertönt. Es ist das Lachen eines am Verhältnis von Buchwissen und Lebensuntauglichkeit irre gewordenen Bewusstseins, das sich in den Taumel des eigenen Untergangs ergibt". (Jurzik, S. 39)

(7) Friedrich Dürrenmatt (1921-1990) –
Der Richter und sein Henker (1950/1952)

Die äußerst komplexe Handlung spielt im November 1948 in der Schweiz, und zwar in Bern und in einem Dorf namens Lamboing, westlich des Bielersees, nur ein paar Kilometer von Biel entfernt. Dort gelingt es Kommissär Bärlach, einen Verbrecher, den er lange Zeit vergeblich verfolgt hat, zwar nicht einer Tat, derer er ihn verdächtigt, zu überführen, aber in gewisser Weise zu richten und von seinem Mitarbeiter Tschanz in einer konstruierten Notwehrsituation erschießen zu lassen.

Achtzehntes Kapitel

*Tschanz blieb stehen. „Sie sind es also", sagte Gastmann, und sah leicht
verwundert das ruhige, bleiche Gesicht des Polizisten und hinter diesem
die noch offene Türe.*

*Dann fing er an zu lachen: „So meinte es der Alte! Nicht ungeschickt,
ganz und gar nicht ungeschickt!" – Ruhig, ohne ein Wort zu sprechen,
und fast langsam nahm einer der zwei Schlächter einen Revolver aus der
Tasche und schoss. Tschanz fühlte an der linken Achsel einen Schlag, riss
die Rechte aus der Tasche und warf sich auf die Seite. Dann schoss er
dreimal in das nun wie in einem leeren, unendlichen Raume verhallende
Lachen Gastmanns hinein.*

Stefan Busch hält Gastmanns lästerliches Lachen für „ein Requi-
sit, das zwar oberflächliche Effekte zu produzieren hilft, sich bei
näherer Betrachtung aber als Anachronismus erweist." Auch „ein
noch so geschickt präsentierter theoretischer Rahmen" könne „die
Hohlheit des Pathos mehr verbergen." Der schaurig-schöne Effekt
des „wie in einem leeren, unendlichen Raume verhallende Lachens"
Gastmanns sei ist hier der bloße Nachhall einer Tradition, die Dürrenmatt andererseits aber verabschiedet haben wollte. (Busch, S. 181 f.)

In der Tat hat die von Busch angesprochene Tradition mittlerweile
offenbar ihr Ende gefunden. Vgl. jedoch gleich anschließend das
Höllengelächter in Christa Wolf – Kein Ort, nirgends.

(8) Christa Wolf (1929-2011) – Kein Ort, nirgends (1979)

2002 wurde Christa Wolf für ihr Lebenswerk mit dem erstmals
verliehenen Deutschen Bücherpreis geehrt, weil sie sich, so die Jury,
„mutig in die großen Debatten der DDR und des wiedervereinigten
Deutschland eingemischt" habe.

In *Kein Ort, nirgends* wird eine fiktive Begegnung der deutschen Dichter Heinrich von Kleist (1777-1811) und Karoline von Günderrode (auch Günderode geschrieben) (1780 – 1806) anlässlich einer Teegesellschaft im Haus eines Kaufmanns in Winkel im Rheingau geschildert. Sie finden Gelegenheit, die Gesellschaft zu einem Spaziergang zu verlassen und ein sehr persönliches Gespräch zu führen.

Beide sind im wirklichen Leben nach der ins Jahr 1804 gelegten Begegnung unabhängig voneinander durch Selbstmord aus dem Leben geschieden, Günderrode 1806, Kleist 1811. Zur Zeit des (fiktiven) Gesprächs war Kleist 27 Jahre alt, Günderrode 24. Kleist kommt aus Frankreich zurück und hat, als Schriftsteller wenig erfolgreich, eine schwere Erkrankung noch nicht ganz überstanden, von Günderrode kommt aus Frankfurt, wo sie seit Jahren in einem evangelischen Damenstift für adelige Waisen lebt.

Mit ihrem 1979 in Verlagen in Ost und West erschienenen Buch wollte Christa Wolf, so die vorherrschende Interpretation, auf die Rolle des Künstlers im Sozialismus aufmerksam machen.

Die Lektüre des Textes wird dadurch etwas erschwert, dass die direkte Rede der Beteiligten nicht – wie sonst üblich – durch Anführungszeichen kenntlich gemacht ist. Zudem ist der Text nicht in Kapitel oder Ähnliches gegliedert.

„Die Collagetechnik aus Originalzitat und erzählend kommentierendem Bericht wird bei einer sonst so stilsicheren Dichterin wie Christa Wolf zu einem das ganze Buch verzehrenden Makel. Denn „wer spricht", wie die zu Anfang und Ende eindringlich wiederholte Frage lautet: Kleist? Karoline? Die Freunde der beiden?" (Michaelis, aaO)

Manchmal, sagt Kleist . . ., manchmal ist es mir unerträglich, dass die Natur den Menschen in Mann und Frau aufgespalten hat.
Das meinen Sie nicht, Kleist. Sie meinen, dass in Ihnen selbst Mann und Frau einander feindlich gegenüberstehn. Wie auch in mir...
Ich lache, Günderrode.

Warum?
Warum lacht man. Nicht aus Fröhlichkeit. Wie man bald aufhörn wird,
aus Trauer zu weinen. Bald werden wir für alles, was uns überkommt, nur
noch dieses Gelächter haben. Ein Höllengelächter wird uns, ich weiß nicht,
wohin, begleiten.
Ohne Anlass beginnt sie auf einmal zu lachen, erst leise, dann laut und aus
vollem Hals. Kleist wird angesteckt. Sie müssen sich aneinander halten,
um vor Lachen nicht umzusinken. Näher sind sie sich nie als in dieser
Minute.

Die Verwendung des Lachmotivs an dieser Textstelle wird von
Stefan Busch sehr kritisch gesehen: Die Verwendung des Wortes
‚Höllengelächter' im Text sei zwar effektvoll, bringe aber eine Un-
stimmigkeit hinein. Der verunglückte Versuch einer Dramatisierung
sei nicht gedeckt durch das Gelächter der beiden Protagonisten, der
Ausdruck „Höllengelächter" sei anachronistisch, selbst als verblass-
te Metapher. (Busch, S. 189 f.)

(9) Christoph Ransmayr (*1954) – Die letzte Welt (1988)

Die Handlung des Romans *Die letzte Welt* datiert ungefähr zu
Beginn unserer Zeitrechnung. Im Mittelpunkt steht Publius Ovidius
Naso (43 v.Chr.-17 n.Chr.), einer der großen Dichter der klassischen
römischen Epoche. Er wurde 8 n. Chr. von Kaiser Augustus nach
Tomi (heute Constanta) verbannt.

Die zentrale handelnde Figur des Romans ist der Römer Aure-
lius Cotta Maximus. Er bewundert Ovid und reist deshalb nach
Tomi, wo er Gerüchten nachgehen will, Ovid sei dort im Exil verstorben, zugleich jenem anderen Gerücht, Ovid habe an dem Wert
seines Werkes *Metamorphosen (Verwandlungen)*, eines episches Sa-
gengedichts in fünfzehn Büchern, mehr und mehr gezweifelt und
es verbrannt. Er findet zwar Spuren des Dichters, nicht jedoch ihn
selbst. In Rückblenden wird erzählt, wie Ovids Leben und seine
Werke zu seiner Verbannung geführt haben.

96

Kapitel 12

(Cotta geht einem Hinweis nach, Ovid befinde sich in der Ruinenstadt Trachila, und begibt sich dorthin. Dort glaubt er Ovid zu sehen, stellt dann aber fest, dass es nur eine Einbildung ist.)

Und so stürzte er auf den Verbannten zu, schrie, schwenkte die Arme, lachte, strauchelte im Geröll und spürte weder aufgeschlagene Knöchel noch eine zum Zerreißen überspannte Sehne. Er hatte Naso endlich gefunden. – Und dann riss ihm der Krampf, der ihn schüttelte, den Mund auf: War es ein Gebrüll, ein Lachen, ein Schluchzen; er wusste es nicht. ... und sah in der Verwüstung Trachilas einen Verrückten kauern; an einem kalten Herd dort in der Tiefe einen zerschundenen Mann. – Bis er endlich aufhörte zu schluchzen, zu schreien, zu lachen. Und dann wurde es wunderbar still.

Stefan Busch entdeckt „an einem entscheidenden Wendepunkt der mythendurchwirkten Handlung das „Plessnersche Verzweiflungslachen": „Cotta ... bricht in dem Augenblick in Gelächter aus, als ihm die Vergeblichkeit seiner Suche endgültig aufgeht. (Busch, S. 184 f.)

(10) Robert Schneider (*1961) – Schlafes Bruder (1992)

Der Titel ist einem Choral einer Kantate von Johann Sebastian Bach *Ich will den Kreuzstab gerne tragen* (BWV 56) entnommen: *Komm, oh Tod, du Schlafes Bruder*, der auf die sechste Strophe des Kirchenliedes *Du, o schönes Weltgebäude* von Johann Franck aus dem Jahre 1653 zurückgeht.

Nach Ablehnung des Manuskripts durch (angeblich) 24 Verlage wurde *Schlafes Bruder* ein voller Erfolg: Übersetzung in 36 Sprachen, Umsetzung in Film, Ballett, Oper, Schauspiel.

Elias, Sohn nicht des Ehemannes seiner Mutter, sondern des Pfarrers, wächst in einem kleinen Dorf in Vorarlberg auf. Er ist musikalisch hochbegabt. Es entwickelt sich eine Liebe zu seiner Cousine Elsbeth.

Kapitel: Das Weib im Mondschein

Aber das rastlose Werben um Elsbeth, dem nunmehr heiratsfähigen Weib, zehrte an ihm wie eine heimtückische Krankheit… Wurde unerwartet eine Tür geöffnet, schrak er übernervös auf. Sah er ein Weib von der Ferne zum Hof herkommen, steigerte sich sein Pulsschlag. Vernahm er nächtliches Weibergelächter beim Dorfbrunnen, wähnte er immer Elsbeths Lachen darunter.

Eine junge Frau wird in der Nacht unter einem Vorwand in den Wald gelockt uns dort unter Vorwänden gedemütigt.

Und das nackte Weib ließ sich auf die Knie hinab, tauchte ihre Hände in den Morast, beschmutzte das Gesicht, warf sich bäuchlings hinein, wälzte sich darin und fing an, laut und jämmerlich zu schluchzen. Da hörte sie plötzlich ein heimliches Lachen, hielt inne und blickte entsetzt nach allen Richtungen. Da wurde das Lachen so gewaltig, daß in den Felswänden ein Echo entstand. Burga riß sich aus dem Schlamm und schrie mit verzweifelter Stimme „Ihr Hunde!! Ihr Hunde!!“ …

Elias beginnt mit Gott zu hadern, während einer verzweifelten Nacht hat er eine Vision. Am Morgen ist die Liebe zu Elsbeth erloschen. Elias wird depressiv.

Mit 22 Jahren macht Elias durch sein Orgelspiel auf sich aufmerksam. Seine Liebe zu Elsbeth entbrennt erneut. Nach einem großen Erfolg bei einem Orgelfest in der nächsten Stadt beschließt er, aus dem Leben scheiden.

Kapitel: Gott fürchtet den Elias

Die Kirchenpforte donnerte so gewaltig ins Schloss, dass sich das Krachen auf die geschmiedeten Lüster übertrug und sie zum Singen brachte. Oder war es der Schall seines schmerzverrissenen Lachens, der die Lüster in Bewegung setzte? Als er nämlich die Pforte verschlossen hatte, kannte sein Schmerz kein Maß mehr, und er fing an, so entsetzlich zu lachen, als lachte der Teufel über den endlichen Gewinn dieser Welt. Finster wie im Schiff war es in seinem Herzen, und das Ewige Licht der Hoffnung, wie es im Chorraum ängstlich züngelte, war in diesem Menschen nur noch ein kalter abgebrochener Docht.

Elias beschließt, so lange wach zu bleiben, bis der Tod kommt. Das gelingt.

Stefan Busch hält Elias' Anklage Gottes wegen der menschlichen Leiden sowie seinen Ausbruch in blasphemisches Gelächter insofern für zeitgemäß, als die Zeit der Handlung, der Beginn des 19. Jahrhunderts, die einzige Zeitebene des Romans ist. Die Anklage Gottes im Lachen des Verzweifelten werde erzähltechnisch durch die Schlichtheit des Romans ermöglicht. „Nur indem die ferne Vergangenheit die einzige Gegenwart im Leserbewusstsein ist und die Zeitebene des Erzählers – und erst recht die Entstehungszeit des Romans – ausgeblendet bleibt, wird der sonst unausweichliche Eindruck des Unzeitgemäßen vermieden." (Busch, S. 183 f.)

Schlafes Bruder wurde 1995 von Joseph Vilsmaier verfilmt. 1996 wurde die Oper „Schlafes Bruder" (Musik: Herbert Willi) in Zürich uraufgeführt.

2.5.2 Verlegenes Lachen

(1) Bibel – Altes Testament (um 900 v. Chr.)

Die Entstehung des Textes des Alten Testaments erstreckt sich über mehrere Jahrhunderte, ca. von 1000 v. Chr. bis ca. 100 v. Chr.

Im Buch Genesis, dem 1. Buch Mose, wird die Geschichte von Abraham und Sara erzählt. Sara soll in hohem Alter noch einmal Mutter werden. Das bringt beide zum Lachen.

Weiter sprach Gott zu Abraham: Deine Frau Sarai sollst du nicht mehr Sarai nennen, sondern Sara (Herrin) soll sie heißen. Ich will sie segnen und dir auch von ihr einen Sohn geben. ... Da fiel Abraham auf sein Gesicht nieder und lachte. Er dachte: Können einem Hundertjährigen noch Kinder geboren werden und kann Sara als Neunzigjährige noch gebären? (Genesis 17, 15-17)

Abraham und Sara waren schon alt; sie waren in die Jahre gekommen. ... Sara lachte daher still in sich hinein und dachte: Ich bin doch schon alt und verbraucht und soll noch das Glück der Liebe erfahren? Auch ist mein Herr doch schon ein alter Mann! Da sprach der Herr zu Abraham: Warum lacht Sara und sagt: Soll ich wirklich noch Kinder bekommen, obwohl ich so alt bin? Ist beim Herrn etwas unmöglich? Nächstes Jahr um diese Zeit werde ich wieder zu dir kommen; dann wird Sara einen Sohn haben. Sara leugnete: Ich habe nicht gelacht. Sie hatte nämlich Angst. Er aber sagte: Doch, du hast gelacht. (Genesis 18, 11-15)

Karl-Josef Kuschel fällt es auf, „dass wir es bei Abraham und Sara mit Menschen zu tun haben, die Gott offenbar ungestraft verlachen können. Beide verkörpern somit eine Theologie des Lachens, in der der Mensch auch in seiner Ungläubigkeit von Gott ernst genommen wird." (Kuschel, S. 98 f.)

Marius Reiser merkt an, dass Saras Lachen in der jüdisch-christlichen Tradition oft abgemildert und „interessanterweise in der christlichen Ikonographie des Mittelalters nie dargestellt" wird. (Reiser, S. 27)

Siehe auch 2.4.4 (3) – Bibel – Neues Testament

(2) Georges Bataille (1897-1962) – Geschichte des Auges (1925/1928)

Von Bataille stammen zahlreiche Schriften, die man gemeinhin dem Gebiet der Philosophie zuordnet. Auch mit – formal gesehen – „erzählender Literatur" ist er hervorgetreten. Deren Thematik ist so gewählt, dass die Verlage diese Erzählungen i.d.R. unter der Bezeichnung *Das obszöne Werk* herausgeben. Sie werden von vielen für pornographisch gehalten. Susan Sontag bezeichnet sie als "Kammermusik der pornographischen Literatur". (Sontag (b), S. 75)

Gegenstand sind vor allem „transgressions" auf sexuellem Gebiet, meist mit „Überschreitungen", aber auch mit „Übertretungen" übersetzt. „Übertretung" hätte eine Komponente des persönlichen Vorwurfs, „Überschreitung" wäre eher neutral.

In der „Geschichte des Auges" besichtigen Sir Edmond, Simone und der Erzähler die Stadt Sevilla. Simone betritt eine Kirche, die sie bald wieder verlässt.

Kapitel: Unter der Sonne Sevillas

Als sie zurück kam, standen wir mit dummen Gesichtern da: Sie lachte schallend und brachte kein Wort hervor. Ansteckung und die Sonne brachten es dahin, dass auch ich anfing zu lachen und am Ende sogar Sir Edmond.
- Bloody girl! rief der Engländer, können Sie sich nicht erklären? Übrigens lachen wir über dem Grabe von Don Juan!
Und von neuem lachend deutete er auf eine große Kupferplatte unter unseren Füßen, sie bedeckte das Grab des Gründers der Kirche, von dem es heißt, dass es Don Juan gewesen sei. ...
Unser irres Gelächter brach vielfach von Neuem los. Simone musste vor Lachen pissen; der Urin rann ihr an den Beinen hinunter: ein Rinnsal floss über die Grabplatte.

Stefan Busch über den Zusammenhang zwischen transgressions und dem Lachen: Fast ausnahmslos seien die Szenen der Überschreitung von Gelächter begleitet oder umrahmt. Wenn etwa die Reisenden die Kirche betreten, so lachten sie mit und, nicht nur im räumlichen Sinn, über Don Juan, der sich unter dem Eingangsportal hatte begraben lassen, „damit er auch von den Niedrigsten mit Füßen getreten werde". Der Gedanke an die Reue dieses Helden der Überschreitung löse bei der Gruppe irres Gelächter aus. (Busch, S. 162 ff.)

2.5.3 Rätselhaftes Lachen

In dieser Rubrik befinden sich einige Lachszenen, deren Besonderheit es ist, den Leser weitgehend im Unklaren zu lassen, wie er den Text deuten soll. Er ist so ratlos wie gegenüber einem Koan im Zen-Buddhismus. Gleichwohl wird auch in diesen Fällen versucht, eine Deutung zu finden, meist ist diese aber nur eine von verschiedenen Möglichkeiten.

(1) Volksgut: Die Geschichte vom Korb

Die Geschichte vom Korb ist hier ein Zufallsfund: In der *Allgemeinen Literatur-Zeitung* vom Juni 1828 wird in der Ankündigung einer neuen Ausgabe von *1001 Nacht* und der Erwähnung der *Geschichte eines Mannes, der aus Reue sein Leben lang nicht mehr gelacht hat* (3.3 (1)) auf eine ähnliche, offenbar ein altes afrikanisches Märchen, aufmerksam gemacht:

Die Geschichte vom Korb mit den wunderbaren Sachen

Es war einmal ein Mann, der besaß eine wunderbare Rinderherde. Eines Nachts beobachtete er, wie sich eine Strickleiter von den Sternen herunter senkte. Auf ihr schwebten junge Frauen herab. Sie waren schön und fröhlich, lachten einander leise zu und gingen zu den Kühen, um sie leer zu melken. Die schönste konnte er festhalten. Er behielt sie bei sich und machte sie zu seiner Frau.

Sie waren glücklich und die gemeinsame Arbeit machte sie reich. Eines aber quälte ihn: Als er seine Frau eingefangen hatte, trug sie einen Korb bei sich. Niemals darfst du da hineinschauen!, hatte sie gesagt. Wenn du es dennoch tust, wird uns beide großes Unglück treffen.

Nach einiger Zeit vergaß der Mann sein Versprechen. Als er einmal allein im Haus war, sah er den Korb, zog das Tuch davon und brach in lautes Lachen aus. Als seine Frau heimkehrte, wusste sie sofort, was geschehen war. Sie schaute ihn an und sagte: Du hast in den Korb geschaut!

Der Mann aber lachte nur und sagte: Was soll das Geheimnis um diesen Korb? Da ist ja gar nichts drin! Aber noch während er dies sagte, wendete sie sich von ihm ab, ging in den Sonnenuntergang und wurde auf der Erde nie wieder gesehen. Der Grund, weshalb sie wegging: Nicht, weil er sein Versprechen gebrochen hatte. Sie ging, weil er die schönen Sachen, die sie vom Himmel für beide mitgebracht hatte, nicht sehen konnte und darüber sogar noch lachte.

Der Text der Geschichte ist nicht leicht zu finden, gelungen ist es auf der Homepage der Evangelischen Thalkirchengemeinde in Wiesbaden-Sonnenberg, dort war er im Jahr 2013 Teil einer Predigt.

Offenbar wird der Text gerne im Religionsunterricht verwendet, die Schüler sollen ihn interpretieren. Auch hier ist eine reiche Auswahl an Deutungen zu finden: Dieser Korb stelle in Afrika wohl so etwas wie eine Fetisch dar, es sei eine Sünde, ihn zu ignorieren. Oder: Der Mann ist zu sehr in die persönlichen Geheimnisse der Frau eingedrungen. Oder: Es muss respektiert werden, dass man nicht überall Einblick hat.

(2) Wolfram von Eschenbach (ca. 1170-ca. 1220) – Parzival (1200-1210)

Parzival von Wolfram von Eschenbach ist ein Versroman der mittelhochdeutschen höfischen Literatur. Für ihn stellte *Perceval le Gallois ou le conte du Graal von Chrétien de Troyes* (1130-1191) die wesentliche Quelle dar. Das Epos wurde von einigen deutschen Dichtern mehr oder weniger nacherzählt, Wolframs Parzival hingegen ist ein eigenständiges Werk, mit dem der Dichter eigene Wege geht.

Für den heutigen Literaturfreund ist die Parzivalerzählung keine leichte Kost. Das hängt nicht nur mit dem uns fremd anmutenden Sprachstil zusammen. Vielmehr haben wir (bis auf einige Experten) auch kaum Zugang zu den damaligen Sitten und Gebräuchen.

In der Geschichte vom Gral wird Parzival am Hof des Königs
Artus von der jungen Hofdame Cunnewâre lachend prophezeit,
er werde einmal der beste Ritter der Welt sein. Das wird von den
Anwesenden sehr aufmerksam wahrgenommen, weil Cunnewâre
bis zu diesem Zeitpunkt sechs Jahre lang nicht gelacht hatte. Der
Text lässt es offen, warum und seit welchem Ereignis Cunnewâre
nicht mehr gelacht hat, z.B. aufgrund eines Gelübdes.

Cunnewâre wird von Keie, einem Artusritter, gezüchtigt. Dieser
beurteilt nämlich das Lachen als für eine Dame schandhaft und
hält es für eine "Beleidigung aller anderen Ritter des Artushofes".
Parzival hält sich für verpflichtet, die Misshandlung Cunnewâres
zu rächen. Alle von ihm später besiegten Ritter schickt er deshalb
an den Artushof, damit sie sich der Cunnewâre unterwerfen. Diese
Zusammenhänge sind für den heutigen Leser nicht leicht verständlich.

III. Buch: Gurnemans

Die Süße, Kunnewaren.
Ihr Mund kann nicht gebahren
Mit Lachen, eh sie den ersehn,
Dem den höchsten Preis sie zugestehn.
(135, 15-18)

Da wollte selbst die Königin
An das Laubenfenster hin
Mit den Rittern und den Frauen.
Sie wollten's alle schauen.
Da saß auch Kunneware,
Die stolze und die klare:
Die lachte weder laut noch leis
Bis der kam, der den höchsten Preis
Erworben oder sollt erwerben;
Liebe wollte sie ersterben.
Alles Lachens blieb sie frei;

Doch als der Knappe ritt vorbei,
Da erlacht' ihr minniglicher Mund.
(151,7- 19)

(Kei macht Kunneware Vorwürfe:)
Mich dünkt, dem König Artus wär
Zu Haus und Hofe schon bisher
Geritten mancher werthe Mann;
Doch Ihr lachtet ihn nicht an,
Und lacht um jenen Mann so laut,
Der Rittersitte nie geschaut.
(152, 7-12)

VI. Buch: Artus

(Frau Kunneware de Lalant:)
So sah sie kommen Parzival;
Dem wars durch manches Eisenmal
Wie tauge Rosen angeflogen.
Den Harnisch hatt er abgezogen.
Er sprang auf, als er die Frauen sah:
Zu ihm sprach Kunneware da:
Gott zuerst, darnach auch mir
Sollt ihr willkommen sein, da ihr
Euch so mannlich habt bewährt.
Mir war zu lachen gar verwehrt,
Eh Euch mein Blick, mein Herz erkannt:
Alle Freuden hat mir da gebannt
Kei, der mich deswegen schlug;
Gerochen [=gerächt] habt ihr das genug.
(305, 21-306,4)

Auf die Schwierigkeiten, vor denen heutige Interpretationsversu-
che stehen, macht Sebastian Coxon aufmerksam:

'Ambivalenz und Mehrdeutigkeit beschweren aber auch die Interpretation des erzählten Lachens. Die Hauptvokabel „lachen"
verweist bis ins Spätmittelalter hinein sowohl auf Lachen als auch

auf Lächeln. Die Zuordnung eines mittelhochdeutschen Lachens zu einem tatsächlichen neuhochdeutschen Lachen hängt also vom narrativen Kontext ab, obwohl nicht selten entscheidende Einzelheiten ... gerade fehlen oder selbst uneindeutig sind. Zum anderen lässt sich die kulturspezifische mittelalterliche Bedeutungsvielfalt des literarisch inszenierten Lachens (und Lächelns) nicht immer ermitteln, da literarische Texte keine unmittelbare Abbildung höfischer Realität und Kultur liefern.' <u>(Coxon</u>, S. 189 f.)

(Vgl. zu diesem Problem auch: 2.2.2 (1) – Dante Alighieri – Göttliche Komödie)

Adolf Muschg hat das Parzival-Motiv in seinem Roman Der Rote Ritter. Eine Geschichte von Parzivâl aufgenommen. [Siehe gleich anschließend 2.5.3 (3)]

(3) Adolf Muschg (* 1934) –
Der Rote Ritter. Eine Geschichte von Parzivâl (1993)

Kapitel II. 11 – Das Lachen zu Nantes

Wie Parzivâl im Artushof einzieht, um seinen Auftrag loszuwerden, und ein blaues Wunder erlebt

Er [Artus] unterbrach sich, denn jemand lachte. Da lachte es aus einer Person überlaut und konnte gar nicht mehr aufhören. Einige Gesichter waren jetzt so blau geworden, als würde ihnen Luft abgeschnitten. Wer lachte so? Eine Dame. Eine Dame?

Sie stand am Geländer der untersten Galerie und hielt das Gesicht mit beiden Händen zusammen. Es schien bersten zu wollen vor Lachen. Das Lachen warf sie zurück und vornüber, ließ ihr langes rotes Haar fliegen, brach mit immer neuer Gewalt aus ihr hervor. Ein Lachen? Es war eine Katastrophe, die den Hof bis ins Mark gefrieren ließ.

Der Hofmarschall Keie fasste sich als erster. Er sprang, auf seinen Stock gestützt, von der Tafel hoch, stürzte zur Treppe, die Galerie hinauf. Er

106

*packte die Dame bei den Haaren, die sie über das Geländer hatte fallen
lassen, und zerrte ihr den Kopf daran zurück. ... Sie heulte vor Lachen,
doch er überschrie sie noch mit seinem Zorn.*

*Die Dame hob den Kopf und lachte Parzivâl ins Gesicht. Sie lachte um
so lauter, je grimmiger der Hofmarschall walkte, lachte im Takt seines
Stockes, aber auch so, als gingen sie die Schläge gar nichts an.*

Aus der Buchbesprechung von Dieter Wunderlich: „Schon die
ersten Seiten ziehen mich in ihren Bann durch die Farbigkeit und Besonderheit der Sprache. Ja, zunächst muss man sich an die vermeintliche Umständlichkeit und Sperrigkeit der Erzählweise gewöhnen,
aber sie vermittelt auf gelungene Art das Spröde der achthundert
Jahre alten Gral- und Artussage."

(4) Franz Kafka (1883-1924) – Brief an Oskar Pollak (1904)

Franz Kafkas Werke sind eine Fundgrube für Betrachtungen über
das Lachen in der Literatur. Aber nicht nur in seinen Romanen
beschäftigt sich Franz Kafka damit, sondern beispielsweise auch in
seinen Briefen an Oskar Pollak, einen seiner früheren Mitschüler
am Prager Altstädter Deutschen Gymnasium. Der Brief vom 10.
Januar 1904 enthält eine Kurzerzählung:

Prag, 10. Januar 1904; Sonntag – Abends, halb elf.

*... Alle diese Menschen sind Brüder jenes Mannes, der in der Stadt
herumging, sich auf nichts verstand, kein vernünftiges Wort herausbrach-
te, nicht tanzen konnte, nicht lachen konnte, aber immer krampfhaft mit
beiden Händen eine verschlossene Schachtel trug. Fragte ihn nun ein
Teilnehmender: „Was tragen Sie so vorsichtig in der Schachtel?", da senkte
dann der Mann den Kopf und sagte unsicher. „Ich verstehe mich zwar auf
nichts, das ist wahr, ich kann zwar auch kein vernünftiges Wort heraus-
bringen, ich kann auch nicht tanzen, auch lachen kann ich nicht, aber was
in dieser, wohlgemerkt verschlossenen Schachtel ist, das kann ich nicht
sagen, nein, nein, das sage ich nicht. "Wie natürlich, verliefen sich nach
diesen Antworten alle Teilnehmenden, aber doch blieb in manchen von ihnen eine gewisse Neugier, eine gewisse Spannung, die immer fragte: "Was*

ist denn in der verschlossenen Schachtel?", und um der Schachtel willen kamen sie hin und wieder zu dem Mann zurück, der aber nichts verriet.

Die Zahl der den Schachtelbesitzer umringenden Menschen wird im Laufe der Zeit kleiner, dennoch wüsste man gerne, was sich in der Schachtel befindet.

Die Teilnehmenden, die kleiner an Zahl sind als früher, fragen jetzt: „Was tragen Sie denn so vorsichtig in der Schachtel? Einen Schatz vielleicht, he, oder eine Verkündigung, nicht? Na, machen Sie nur auf, wir brauchen beides, übrigens lassen Sie es nur zu, wir glauben es Ihnen auch ohnedem." Da schreit es plötzlich einer besonders grell, der Mann schaut erschrocken, er war es selbst. Nach seinem Tode fand man in der Schachtel zwei Milchzähne.

Über die Bedeutung des Umstandes, dass der Schachtelbesitzer nicht lachen konnte, ein in dieser Kurzgeschichte eigentlich nur beiläufiges Detail, sind Spekulationen möglich, eine schlüssige Erklärung bietet sich jedoch nicht an.

(5) Franz Kafka (1883-1924) – Die Sorge des Hausvaters

Der kurze Text *Die Sorge des Hausvaters* ist 1920 in der Sammlung *Ein Landarzt – Kleine Erzählungen* erschienen, „Ein Landarzt" ist die namengebende Einzelerzählung.

Es geht um ein Wesen namens Odradek. Von ihm werden zunächst sein Aussehen, dann seine üblichen Verhaltensweisen geschildert:

Odradek sieht zunächst aus wie eine flache sternartige Zwirnspule, und tatsächlich scheint es auch mit Zwirn bezogen; allerdings dürften es nur abgerissene, alte, aneinandergeknotete, aber auch ineinanderverfilzte Zwirnstücke von verschiedenster Art und Farbe sein.

*Er hält sich abwechselnd auf dem Dachboden, im Treppenhaus, auf den
Gängen, im Flur auf. Manchmal ist er monatelang nicht zu sehen; da ist
er wohl in andere Häuser übersiedelt; doch kehrt er dann unweigerlich
wieder in unser Haus zurück. Manchmal, wenn man aus der Tür tritt
und er lehnt gerade unten am Treppengeländer, hat man Lust, ihn anzu-
sprechen. Natürlich stellt man an ihn keine schwierigen Fragen, sondern
behandelt ihn – schon seine Winzigkeit verführt dazu – wie ein Kind. "Wie
heißt du denn?"fragt man ihn. 'Odradek', sagt er. 'Und wo wohnst du?'
'Unbestimmter Wohnsitz', sagt er und lacht; es ist aber nur ein Lachen,
wie man es ohne Lungen hervorbringen kann. Es klingt etwa so, wie das
Rascheln in gefallenen Blättern. Damit ist die Unterhaltung meist zu
Ende. Übrigens sind selbst diese Antworten nicht immer zu erhalten; oft
ist er lange stumm, wie das Holz, das er zu sein scheint.*

Ähnlich wie im Brief an Pollak: Die Besonderheiten des Lachens
Odradeks sind nur eines von mehreren Details.

„Kein literarisches Werk dieses Jahrhunderts hat solche Heerscha-
ren von Interpreten auf sich gezogen. Das Rätsel Kafka beschäftigt
Millionen von Lesern und Tausende von Wissenschaftlern. In jeder
Richtung wurde es durchwühlt und durchforstet, gedeutet und um-
gedeutet, aber die Grundlage all dieser Bemühungen war allzuoft
fast ein Witz, ein Betrug, ein verderbter Text." (Greiner, aaO)

Kafka-Konferenzen (z. B. 1963 in Liblice) haben sich mit Odradek
befasst und kommen zu sehr unterschiedlichen Ergebnissen: Odradek wird teils symbolisch im Sinne des Davidsterns, aus dem das
christliche Kreuz entspringt, teils allegorisch als Frage nach dem
Sinn des Lebens oder metaphorisch gedeutet. Weit verbreitet sind
zwei Theorien, nämlich die nach Wilhelm Emrich, basierend auf
eben jenem Zweifel an einem Sinn, und jene von Malcolm Pasley
(1926-2004), der versucht, biografische Aspekte in den Vordergrund
zu stellen. Auch der Bibliophile, der sich für Literatur generell und
für Kafka im Besonderen interessiert, fühlt sich in solchen Fällen
nicht nur überfordert, er ist es. (Höllerer, aaO, Emrich, aaO, Pasley, aaO)

Ergänzend zu den Ausführungen über Literaturinterpretation (oben 1.2.4) beispielhaft einige Beispiele zur Odradek-Auslegung:

... es stellt die christliche Theologie, mit ihren abgebrochenen und „aneinandergeknoteten", aber auch „ineinander verfilzten" Zwirnstücken dar, wie sie aus der Bibel, aus aristotelischen, platonischen, gnostischen, patristischen usw. Bruchfetzen zusammengeklaubt, mühselig im Lauf vieler Konzilien entstanden ist und ... vom Streit der Kirchen, Häresien und Sekten allmählich zerrissen wurde, so dass von dem ursprünglichen Leitfaden nur noch in bunter Verwirrung nirgendwohin-führende Fragmente vorliegen ... (Weinberg, zitiert nach <u>Holbein</u>, S. 92)

Wenn der Vater, in dessen Haus er sich aufhält, ihn schon wie ein Kind behandelt, so ist er doch eher etwas Zusammengebasteltes, ein „Sorgenkind" besonderer Art, das es nicht einmal recht zum lebenden Wesen gebracht hat: die Einheitlichkeit, die Zweckdienlichkeit und die Zielgerichtetheit eines Lebewesens lässt er zur Besorgnis des Hausvaters vermissen. Odradek erscheint also gewissermaßen als Karikatur eines missratenen Familienmitglieds (Malcolm Pasley, Berliner Kafka-Konferenz 1966, zitiert nach <u>Holbein</u>, S. 98)

(6) Franz Kafka (1883-1924) – Der Prozess (1925)

Michael Fiam behauptet, in Kafkas Werk seien Wörter wie lachen, anlachen, auslachen und Gelächter durchschnittlich auf jeder siebten Seite zu finden, wobei die Wörter lächeln, lächerlich und Lächerlichkeit nicht einmal einbezogen seien. (<u>Fiam</u>, S. 62 ff.)

K. wird, damit beginnt die Handlung des Romans *Der Prozess*, am frühen Morgen in seiner Wohnung von zwei Männern aufgesucht, die er für Polizeibeamte hält, er weiß nicht, warum. Für den Kafkaleser läuft alles auf Verurteilung und Hinrichtung hinaus. Die Tatsache, dass viele Akteure des Romans aus den unterschiedlichsten Anlässen, aber auch, aus der Sicht des Lesers, „grundlos" lachen, kontrastiert auf beklemmende Weise mit der düsteren Grundstimmung des Romans.

Erstes Kapitel: Verhaftung – Gespräch mit Fräulein Bürstner

(K. denkt über mögliche Hintergründe seiner „Verhaftung" nach)
... man konnte zwar das Ganze als Spaß ansehen, den ihm aus unbekannten Gründen, vielleicht weil heute sein dreißigster Geburtstag war, die Kollegen in der Bank veranstaltet hatten, es war natürlich möglich, vielleicht brauchte er nur auf irgendeine Weise den Wächtern ins Gesicht zu lachen, und sie würden mitlachen, vielleicht waren es Dienstmänner von der Straßenecke, sie sahen ihnen nicht unähnlich –

'Guten Morgen', sagte K. nach einem Weilchen und reichte den sich korrekt verbeugenden Herren die Hand. 'Ich habe Sie gar nicht erkannt. Nun werden wir also an die Arbeit gehen, nicht?' Die Herren nickten lachend und eifrig, als hätten sie die ganze Zeit über darauf gewartet, ...

(Gespräch mit der Zimmernachbarin, Fräulein Bürstner)
'Ja, es war eine Untersuchungskommission hier', fügte K. hinzu, da ihn das Fräulein mit einem fragenden Blick ansah. 'Ihretwegen?' fragte das Fräulein. 'Ja', antwortete K. 'Nein!' rief das Fräulein und lachte.

Zweites Kapitel: Erste Untersuchung

Der Untersuchungsrichter: ... *'Sie sind Zimmermaler?' 'Nein', sagte K., 'sondern erster Prokurist einer großen Bank.' Dieser Antwort folgte bei der rechten Partei unten ein Gelächter, das so herzlich war, dass K. mitlachen musste. Die Leute stützten sich mit den Händen auf ihre Knie und schüttelten sich wie unter schweren Hustenanfällen. Es lachten sogar einzelne auf der Galerie.'*

Siebentes Kapitel: Fabrikant – Maler

Der Fabrikant aber folgte K.s Blick, klopfte auf seine Tasche und sagte, ohne sie zu öffnen: Sie wollen hören, wie es ausgefallen ist. Ich trage schon fast den Geschäftsabschluss in der Tasche. Ein reizender Mensch, Ihr Direktor- Stellvertreter, aber durchaus nicht ungefährlich.' Er lachte, schüttelte K.s Hand und wollte auch ihn zum Lachen bringen. Aber K. schien es nun wieder verdächtig, dass ihm der Fabrikant die Papiere nicht zeigen wollte, und er fand an der Bemerkung des Fabrikanten nichts zum Lachen.

Ungeachtet der jeweiligen Interpretationen wird zur Bezeichnung einer auf rätselhafte Weise bedrohlichen Atmosphäre der Begriff des „Kafkaesken" verwendet. Kundera ist der Auffassung, er sei ... *als der einzige gemeinsame Nenner von (sowohl literarischen als auch wirklichen) Situationen zu sehen, die kein anderes Wort zu erfassen vermag und für die weder Politologie noch Soziologie noch Psychologie uns einen Schlüssel liefern.* (Kundera, S. 121)

(7) Gilbert Keith Chesterton (1874-1936) – Das schlimmste Verbrechen der Welt (1927); in: Father Browns Geheimnis

Gilbert Keith Chesterton hat zwischen 1910 und 1935 insgesamt neunundvierzig Erzählungen veröffentlicht, deren Hauptperson Father Brown ist. Dieser ist stets damit beschäftigt, Straftaten aufzuklären.

Father Brown erkundigt sich bei einem Zusammentreffen in einer Kunstausstellung bei seiner Nichte Betty, ob es zuträfe, dass sie Hauptmann Musgrave heiraten wolle.

Sie ... antwortete: „Ich dachte, ich wollte. Wenigstens glaube ich, ich dachte, ich wollte. Aber vorhin habe ich einen ziemlichen Schock gehabt. – Ich habe ihn lachen gehört. ... Ich kam recht früh hierher und sah ihn ganz allein mitten in der Galerie, die da noch leer war, mit den neuen Bildern sitzen. Er hatte keine Ahnung, dass ich oder sonst jemand in der Nähe war; er saß ganz alleine da, und er lachte. Er starrte an die Decke, aber seine Augen schienen nach innen gekehrt, und er lachte so, dass mir das Blut gefror.

Musgrave gerät in den Verdacht, eine Straftat begangen zu haben. Im Zuge der Aufklärung der Sache erklärt Father Brown seinem Freund, einem Rechtsanwalt:

Erst neulich war ich dabei, meiner Nichte zu erzählen, dass es zwei Arten Männer gibt, die lachen können, wenn sie alleine sind. Man kann fast behaupten, dass der Mann, der es tut, entweder sehr gut oder sehr schlecht ist. Denn sehen Sie, entweder vertraut er den Witz Gott an, oder er vertraut ihn dem Teufel an. Jedenfalls aber verfügt er über ein Innenleben.

(8) Samuel Beckett (1906-1989) – Watt (ca. 1943/1953)

Samuel Becketts bekanntestes Werk ist *Warten auf Godot*, das Schauspiel wurde 1953 in Paris uraufgeführt. 1969 wurde er mit dem Nobelpreis für Literatur ausgezeichnet.

In „Watt", Becketts drittem Roman, gibt es kaum mehr eine Handlung, auch kein „Layout" oder Ähnliches. Watt reist zu Mr. Knott, hält sich in dessen Haus auf und reist wieder ab. Während seines Aufenthaltes nimmt er Aufgaben wahr, die man üblicherweise für die eines Butlers halten würde. Ohne erkennbaren Zusammenhang finden sich im Text Überlegungen über das Lachen.

Das heute freudlose Lachen war einst falsch, das heute falsche Lachen war einst bitter. Und das heute bittere Lachen? Zum Weinen, Mr. Watt, zum Weinen. … Das bittere, das falsche und – ha! ha! – das freudlose. Das bittere Lachen lacht über das, was nicht gut ist. Es ist das ethische Lachen. Das bittere Lachen lacht über das, was nicht gut ist, es ist das ethische Lachen. Das falsche Lachen lacht über das, was nicht wahr ist, es ist das intellektuelle Lachen. Nicht gut! Nicht wahr! Nun ja. Aber das freudlose Lachen ist das dianoetische Lachen, durch den Rüssel – ha! – so. Es ist das Lachen, der risus purus, das über das Lachen lachende Lachen, das verblüfft dem höchsten Witz huldigt, mit einem Wort, das Lachen, das über das lacht, was – Ruhe, bitte! – was unglücklich ist.

Adorno schreibt über Becketts Stücke, sie bezeugten einen Bewusstseinsstand, der die gesamte Alternative Ernst und Heiter nicht mehr zulasse und auch nicht das Gemisch Tragikomik. Anstelle von Lachen trete das tränenlose, verdorrte Weinen. „Die Klage ist zu der von hohlen, leeren Augen geworden. Gerettet wird der Humor in Becketts Stücken, weil sie anstecken mit dem Lachen über die Lächerlichkeit des Lachens und über die Verzweiflung". (Adorno [c], S. 605)

2.6 Breites Lachspektrum in einem Werk

Werke, in denen in unterschiedlicher Weise gelacht wird, werden in diesem Buch nach ihrem „Lach-Schwerpunkt" eingeordnet. Bei dreien schien das nicht sachgerecht zu sein, in ihnen ist eine geradezu breite Skala des Lachens zu entdecken:

(1) Ernst August Friedrich Klingemann (1777-1831) – Nachtwachen (1804)

Die *Nachtwachen* wurden zunächst unter dem Pseudonym Bonaventura veröffentlicht; das hat zunächst zu dem missverständlichen Buchtitel *Nachtwachen von Bonaventura* geführt. Dieser wird weitgehend auch jetzt noch benutzt, obwohl – allerdings erst 1987, also nach 183 Jahren – der Braunschweiger Theaterdirektor Ernst August Friedrich Klingemann als der Autor identifiziert wurde. Zuvor waren unter anderem Clemens Brentano und E.T.A. Hoffmann als die Urheber vermutet worden.

Der Roman besteht aus sechzehn Abschnitten, den einzelnen „Nachtwachen". Die Hauptfigur der „Nachtwachen" ist Kreuzgang, ein Nachtwächter, der durch die Gassen einer Stadt streift. Die Überlegungen, die er dabei anstellt, bestehen meist aus Zeitkritik, besonders an Wissenschaft, Religion und Kunst. Oft geht es um die vermeintliche Sinnlosigkeit des Daseins schlechthin.

Ina Braeuer-Ewers zeigt auf, dass das Motiv des Lachens den ganzen Roman durchzieht: Im Prolog verspricht der Hanswurst, 'spashaft ... bis zum Todtlachen' zu sein, in der letzten Nachtwache erfährt Kreuzgang von seiner Mutter, dass in der Nacht seiner Zeugung ein Lachen seine Entstehung begleitet habe, und dass dieses finale Lachen vollends satanischen Ursprungs gewesen sei. Kreuzgang ist von seinem Ziehvater als lachendes Kind ans Tageslicht gebracht worden. Kreuzgang reagiert auf den Umstand, dass er sich durch den vorgetäuschten Selbstmordversuch eines Schauspielers hat narren lassen, damit, dass er sich schüttelt vor Lachen. (<u>Braeuer-Ewers</u>, S. 135 f., Exkurs zum Motiv des Lachens)

Aus der Neunten Nachtwache

Monolog des wahnsinnigen Weltschöpfers. Es ist ein wunderlich Ding hier in meiner Hand, und wenn ichs von Sekunde zu Sekunde – was sie dort ein Jahrhundert heißen – durch das Vergrößerungsglas betrachte, so hat sich's immer toller auf der Kugel verwirrt, und ich weiß nicht ob ich darüber lachen oder mich ärgern soll – wenn beides sich nur überhaupt für mich schickte.

Aus der Fünfzehnten Nachtwache

Wo gibt es überhaupt ein wirksameres Mittel, jedem Hohne der Welt und selbst dem Schicksale Trotz zu bieten, als das Lachen? Vor dieser satirischen Maske erschrickt der gerüstetste Feind, und selbst das Unglück weicht erschrocken von mir, wenn ich es zu verlachen wage! – Was beim Teufel, ist auch diese ganze Erde, nebst ihrem empfindsamen Begleiter dem Monde, anders wert als sie auszulachen – ja sie hat allein darum noch einigen Wert weil das Lachen auf ihr zu Hause ist. – Lasst mir nur das Lachen mein Leben lang, und ich halte es hier unten aus!

(2) Thomas Mann (1875-1955) – Doktor Faustus. Das Leben des deutschen Tonsetzers Adrian Leverkühn, erzählt von einem Freunde (1947)

Der Roman, der den Faust-Mythos erneut aufnimmt, schildert, *erzählt von einem Freunde* namens Serenus Zeitblom, das Leben des Komponisten Adrian Leverkühn. In seiner vollen thematischen Breite (u. a.: Epoche, Gesellschaft, Musik, Künstlertum) kann der Roman hier nicht einmal skizziert werden. Der Roman ist in 47 fortlaufend nummerierte Kapitel (ohne Überschriften) und eine Nachschrift gegliedert.

An diesem Roman war, was den die Musik betreffenden Anteil angeht, Theodor W. Adorno beteiligt. In welchem Maße das der Fall war und wie sich die Zusammenarbeit oder Zuarbeit gestaltet hat, war und ist wohl im Einzelnen umstritten.

Bernhard Schubert schreibt über Thomas Manns „breit gefächerte Typologie des Lachens" und über seine „Wahrnehmung und Gestaltung der Lachenden":

„Da gibt es zum Beispiel das konventionelle, abwehrende Gesellschaftslächeln, dem alles Schreckliche und Grässliche zur komischen „Vorstellung" wird. Sodann das auftrumpfende Hohn- und Spottgelächter, in dem sich ein reaktiver „Wille zur Macht" an vereinzelten Außenseitern austobt. Schließlich das illusionslos entblößende Lachen der Hellsichtigen und Wissenden, ... Diese letzte Form" (gehört) „in die topologische Tradition des Teufelsgelächters, dem die Entthronung der Autoritäten und die Entlarvung des Ideellen zur Quelle diabolischer Lust wird." (Schubert, S. 203)

Oliver Bernhardt stellt fest, dem Lachen Adrian Leverkühns komme metaphysischer Charakter zu. Franz Werfel sei nach der Lesung der ersten drei Kapitel des Doktor Faustus, so berichtet Thomas Mann über die Entstehung des Romans, durch 'Adrians Lachen' beunruhigt gewesen. Franz Werfel habe, so Thomas Mann weiter, 'sofort etwas nicht Geheures, Religiös-Dämonisches' gespürt. In diesem Lachen sei 'schon der Teufel als hintergründiger Held des Buches gestaltlos anwesend.' (Bernhardt, S. 160)

Kapitel X – Zur Zeit des Besuchs des Gymnasiums

Übrigens philosophierten wir selten so in diesen ländlichen, unbeschwerten Wochen. Im ganzen war er damals zum Lachen und Unsinnmachen mehr aufgelegt, als zu metaphysischen Gesprächen. Seinen Sinn für das Komische, sein Verlangen danach und seine Neigung zum Lachen, ja zum Tränen-Lachen habe ich schon früher zu bemerken gegeben ...

Kapitel XV (Leverkühn beschreibt in einem Brief an seinen zeitweiligen Mentor, den Dom-Organisten Kretschmar, sein Verhältnis u. a. zur Musik)

Lieber Freund, warum muss ich lachen? Kann man mit mehr Genie das Hergebrachte benutzen, die Kniffe weihen? Kann man mit gewiegterem Gefühl das Schöne erzielen? Und ich Verworfener muss lachen, namentlich

*bei den grunzenden Stütztönen des Bombardons – Wum, wum, wum –
Pang! – ich habe vielleicht zugleich Tränen in den Augen, aber der Lachreiz
ist übermächtig, ...*

Kapitel XX (Zur Beziehung zwischen Rüdiger Schildknapp und
Adrian Leverkühn)

*Dabei liebte er Adrian sehr, war ihm aufrichtig anhänglich, und dieser
nahm ihm das Versagen nicht übel, war überhaupt voller Duldsamkeit
gegen seine Schwächen, über die ja auch Schildknapp selber lachte, und
viel zu dankbar für sein sympathisches Gespräch, ... Nie habe ich ihn so
viel lachen, und zwar Tränen lachen, sehen, wie beim Zusammensein mit
Rüdiger Schildknapp. Ein echter Humorist, wusste der den unscheinbars-
ten Dingen eine momentan überwältigende Komik abzugewinnen.*

Kapitel XXV (Zeitblom flicht einen Text ein, der sich schon lange
in seinem Besitz befindet. Es ist die Aufzeichnung Leverkühns über
ein ausführlichen Gespräch, das er mit dem Teufel hatte. Mit ihm
hat er einen Pakt geschlossen: Leverkühn hat 24 geniale Jahre vor
sich, darf aber nicht lieben)

*Ich: 'Ihr Elend machte mich lachen. Ich wollte, Schildknapp kehrte
zurück, dass ich mit ihm lachen könnte.' Er: „Potz hundert Gift! Du
hattest recht, ob seiner erbarmungsvollen Tränen zu lachen, – unangesehen
noch, dass, wer's von Natur mit dem Versucher zu tun hat, immer mit
den Gefühlen der Leute auf konträrem Fuße steht und immer versucht ist,
zu lachen, wenn sie weinen, und zu weinen, wenn sie lachen ...'*

(3) Thomas Bernhard (1931-1989) – Holzfällen (1984)

In dem Monolog *Holzfällen. Eine Erregung* kommentiert der auf
einem Ohrensessel sitzende Erzähler, *'dessen biografische Details zu
annähernd hundert Prozent mit jenen des Autors identisch sind'*, eine
Wiener Abendgesellschaft. (Glavinic, aaO, Einleitung)

Lutz Ellrich zählt in seinem Kommentar die verschiedenen Arten des Lachens auf, die in diesem Werk dargestellt werden: Der

118

tragikomische Erzähler in Holzfällen registriere nur noch die verschiedenen Erscheinungsformen des Lachens. So unterscheide und bezeichne der Beobachter im Ohrensessel folgende Phänomene: ein Gelächter, das gleich auch alle anderen zu eigenem Gelächter herausfordert; ein Gelächter über eigene Äußerungen, die einen gewissen komödiantischen Witz bekunden; ein mehr oder weniger vernichtendes Lächeln; ein schallendes Auflachen, das hohl, dumm und stumpfsinnig ist; und schließlich ein Lachen, das die Empfänglichkeit für alles Schöne, die Gabe, immerfort auch das Schöne zu sehen, ausdrückt. (<u>Ellrich</u>, S. 171 f.)

Den Protagonisten des Textes können reale Personen der (hier: österreichischen) Gesellschaft zugeordnet werden, die jedoch in Deutschland keinen hohen Bekanntheitsgrad haben, wenn man vielleicht von Ernst Jandl absieht.

[Auersberger, hinter diesem Namen verbirgt sich der Komponist Gerhard Lampersberg, lacht über eigene Äußerungen:] *Er sagte zum Burgschauspieler, daß es ihn, den Auersberger, wundere, daß sich so wenige Burgschauspieler umbrächten, wo sie doch allen Grund dazu hätten. Der Auersberger war, noch während er das sagte, in ein Gelächter ausgebrochen, über das, was er gerade gesagt hatte, was allen anderen aber nur peinlich gewesen war, denn sie straften ihn sozusagen mit ihren Blicken, ich selbst hatte auch kurz aufgelacht und gedacht, dass an dem Auersberger, so widerlich er sich immer gibt, doch ab und zu ein gewisser komödiantischer Witz ist, der selbst mich, der ich für Witze an sich nicht immer aufgelegt bin, zum Lachen bringt.*

Im Hintergrund saßen noch ein paar Leute, ... die sich nur immer wieder mit einem schallenden Auflachen bemerkbar gemacht haben, das mir nie auch nur den geringsten Sinn ergeben hat. Dieses Auflachen war mir schon die ganze Zeit auf die Nerven gegangen, war es doch ein vollkommen hohles und gleichzeitig stumpfsinniges Auflachen, wie wir es heute, wenn wir mit jungen Leuten zusammen sind, sehr oft hören: hohl, dumm und stumpfsinnig. ... Es ist das ganz und gar charakteristische dumme und hohle und stumpfsinnige Auflachen dieser Jugend unserer perversen und stupiden und gefährlichen Achtzigerjahre, das die beiden gelacht haben, dachte ich. Sie lachen auf und finden alles lächerlich und

119

haben noch nicht einmal ein einziges Buch veröffentlicht, dachte ich, wie du vor dreißig Jahren. ...

Der Veröffentlichung des Buches folgte ein Skandal: Lampersberg erhob Klage, weil er sich in der Figur des Auersberger zu erkennen glaubte, nahm die Klage aber später zurück.

2.7 Miszellen

Einige Fundsachen wollen nicht in eine der obigen Kategorien passen. Es soll aber das Lachen in der Literatur möglichst breit dargestellt werden.

(1) Sebastian Brant (1458-1521) – Das Narrenschiff (1494)

Beim *Narrenschiff* handelt sich um eine spätmittelalterliche Moralsatire, die ..." der Welt durch eine unterhaltsame Schilderung ihrer Laster und Eigenheiten kritisch und satirisch den Spiegel vorhält. Das Werk, eine „gelehrte Kompilation menschlicher Narrheiten", enthält 115 Abschnitte. (Vgl. Träger, S. 5)

Das Buch war offenbar das erfolgreichste deutschsprachige Buch vor der Reformation; noch zu Lebzeiten Brants erschienen sechs Origialausgaben und sechs Nachdrucke und alsbald weitere Ausgaben in verschiedenen Sprachen. Sein Autor galt bald darauf und lange für den glänzendsten Geist Deutschlands. Im Kreis der süddeutschen Humanisten verglich man ihn sogar mit Dante: Tritheim nannte das „Narrenschiff" eine divina satira.

28 Von Wider-Gott-Reden, Vorspruch:

Sollt Gott nach unserm Willen machen,
So ging es schlimm in allen Sachen,
Wir würden weinen mehr denn lachen.

Das Werk, sprach jener, zeigt wohl an,
Du wandtest wenig Fleiß daran;
Dass du nicht viel in kurzer Frist
Dergleichen schufst, ein Wunder ist!
Der Arbeit nützt nicht eilige Hand,
Denn welcher Prüfung hält das stand:
An einem Tag zwanzig Paar Schuh',
Ein Dutzend Degen ohne Scharten?
Viel schaffen und auf Zahlung warten
Vertreibt gar manchem oft das Lachen.
Schlechte Zimmerleut viel Späne machen.

Claus Träger: „Das Narrenschiff", das im Jahre 1494 von Basel ausging, wurde zum ersten literarischen ‚Welt'erfolg deutscher Sprache. Sein Autor galt bald darauf und lange für den glänzendsten Geist Deutschlands. Im Kreis der süddeutschen Humanisten verglich man ihn sogar mit Dante. (Träger, S. 5)

(2) Jean Paul (1763-1825) –
Dr. Katzenbergers Badereise (1809)

In Jean Pauls Roman *Dr. Katzenbergers Badereise* werden die Erlebnisse geschildert, die während einer Reise nach Bad Maulbronn dem verwitweten Arzt und Anatomieprofessor Dr. Katzenberger, seiner Tochter Theoda und einem mitreisenden Dichter widerfahren. Gegenstand der „33. Summula" sind die Tischgespräche, in denen es an einem Abend um die Schauspielkunst geht.

33. Summula – Abendtisch-Reden über Schauspiele.

Er erklärte deshalb gern ohne Neid der nächsten Tisch-Ecke, dass er als Arzt über Bühnen-Skribenten seine eigne Meinung habe, und folglich eine diätetische. Ein Lustspiel an und für sich, fuhr er fort, verwerfe niemand weniger als er; denn es errege häufig Lachen, und wie oft durch solches

Lachen Lungengeschwüre, englische Krankheit nach Tissot, Ekel (wenn auch nicht gerade der am Stücke selber), ja durch bloße Spaß-Vorreden Rheumatismen gehoben worden, wiss' er ganz gut. – Ja, da Tissot eine Frau anführe, die nicht eher als nach dem Lachen Stühle gehabt, so halt' er allerdings ernsthaft einen Sitz im Komödienhause für so gut als ein treibendes Mittel, so da jeder aus seiner Leidengeschichte, wie man sonst bei einer andern getan, ein Lustspiel machen könnte.

(3) Alfred Jarry (1873-1907) –
Das Lachen in der Armee (1901);
in: Die grüne Kerze – Spekulationen

Von Alfred Jarry, zu Lebzeiten ein erfolgloser Sonderling, ist das Schauspiel 'König Ubu"'bekannt geworden. Als *Groteske Kurzprosa* sind zwischen 1901 und 1903 in verschiedenen Zeitschriften 227 *Spekulationen* erschienen. Eine davon ist mit *Das Lachen in der Armee* überschrieben. Dem Text soll eine wahre Begebenheit zugrunde liegen, die sich in Nîmes zugetragen hat.

Das Lachen in der Armee

Wir erhalten die Mitteilung, dass die Mitglieder eines Musterungsausschusses kürzlich nicht gezögert haben, die Landesverteidigung einer ihrer künftigen Stützen zu berauben, indem sie einen Wehrpflichtigen vom Dienst befreiten, und zwar nicht wegen Behinderungen oder Unzulänglichkeiten irgendwelcher Art, sondern einzig und allein weil er zu hässlich war. Die militärische Obrigkeit schätzt, dass derartige Gesichtszüge in den Reihen der Rekruten eine Heiterkeit auslösen würde, die der Disziplin nicht zuträglich wäre. Nicht ohne schmerzlich berührt zu sein, glauben wir, im Entscheid des Ausschusses einen Bruch mit den gesunden französischen Traditionen feststellen zu müssen: die in der Nation am tiefsten verankerte, das Lachen, verschwunden zwar aus dem Universum, schien in der Armee Zuflucht gefunden zu haben, wie ... Wir waren der Meinung, dass es hier darum ging, das Mutigsein zu erlernen, und dass, wo das Aussehen oder die Rede eines Vorgesetzten Anlass zum Schmunzeln gaben,

*dies seiner Ansicht entspräche, seinen Untergebenen beizubringen, der
Gefahr mit einem Lächeln auf den Lippen ins Auge zu blicken.*

(4) Thomas Mann (1875-1955) – Tristan (1903)

In der Erzählung *Tristan* beschreibt Thomas Mann das Lachen
eines Säuglings.

Frau Klöterjahn hat sich zur Erholung in ein Sanatorium im
Hochgebirge zurückgezogen. In einer für den eigentlichen Hand-
lungsablauf nicht bedeutsamen Szene trifft der Sanatoriumsgast
Spinell, der mit Herrn Klöterjahn – dieser war im Sanatorium bei
seiner Frau zu Besuch – zuvor eine Auseinandersetzung hatte, beim
Spaziergang mit dem Kleinkind Anton, dem Kind seines Kontrahenten Klöterjahn, und dessen Kinderfrau zusammen.

Aus Abschnitt 12

*Da aber geschah das Grässliche, dass Anton Klöterjahn zu lachen und
zu jubeln begann, er kreischte vor unerklärlicher Lust, es konnte einem
unheimlich zu Sinne werden... Er hielt in der einen Hand einen knöchernen
Beißring und in der anderen eine knöcherne Klapperbüchse. Diese beiden
Gegenstände reckte er jauchzend in den Sonnenschein empor, schüttelte sie
und schlug sie zusammen, als wollte er jemanden spottend verscheuchen.
Seine Augen waren beinahe geschlossen vor Vergnügen, und sein Mund
war so klaffend aufgerissen, dass man seinen ganzen rosigen Gaumen sah.
Er warf sogar seinen Kopf hin und her, indes er jauchzte....*

(5) Ambrose Bierce (1842-1914) –
Aus dem Wörterbuch des Teufels (1911)

Der Journalist Ambrose Bierce wurde zu seinen Lebzeiten als
Schriftsteller kaum wahrgenommen. In seinem 1911 erschienenen
Wörterbuch des Teufels beschreibt er das Lachen wie folgt:

*Lachen, subst. neutr. Ein innerer Krampf, der die Gesichtszüge verzerrt
und von unartikulierten Geräuschen begleitet wird. Er ist ansteckend und
– obwohl zeitweise aussetzend – unheilbar. Die Anfälligkeit für Lachatta-
cken ist einer der Hauptunterschiede zwischen Mensch und Tier – nicht
nur, dass Tiere für die Herausforderung, die das Beispiel des Menschen
darstellt, unempfindlich sind, sie sind auch immun gegen die Mikroben,
die diese Krankheit übertragen. Die Frage, ob das Lachen künstlich von
menschlichen Patienten auf Tiere übertragen werden kann, ist experimen-
tell noch nicht geklärt worden. Dr. Meir Witchell vertritt die Ansicht,
dass der ansteckende Charakter des Gelächters auf die sofortige Gärung
der versprühten sputa zurückzuführen ist. Nach dieser Eigentümlichkeit
bezeichnet er diese Krankheit als Convulsio spargens.*

(Nach einem Hinweis im amerikanischen Original ist 'Dr. Meir
Witchell' eine Veräppelung eines tatsächlich existierenden Dr. Silas
Weir Mitchell.)

(6) Marcel Proust (1871-1922) – Sodom und Gomorra (1921)

Marcel Proust hat sich in seinem Hauptwerk *Auf der Suche nach
der verlorenen Zeit*, von den Proustverehrern meist nur kurz *Recherche* genannt, auch als gründlicher Beobachter seiner Zeitgenossen
erwiesen. Im 1921 erschienenen zweiten Band *Sodom und Gomorra*
hat es ihm das Lachen einer der Hauptfiguren der Recherche, des
Barons de Charlus angetan:

Sodom und Gomorra, Zweiter Teil, Zweites Kapitel
*Er hängte ein kleines Lachen an, das eine Besonderheit an ihm war –
ein Lachen, das wahrscheinlich von irgendeiner bayerischen oder lothringi-
schen Großmutter stammte, welche es in ganz der gleichen Form von einer
Ahnin übernommen hatte, so dass es dergestalt unverändert seit vielen
Jahrhunderten an alten kleinen Höfen Europas ausgeklungen war und
man seinen kostbaren Ton wie den gewisser, überaus selten gewordener
alter Instrumente genoss. Es gibt Fälle, in denen zur Vervollständigung
der Personenbeschreibung eine phonetische Wiedergabe unerlässlich wäre;
die Schilderung der Persönlichkeit des Baron de Charlus läuft jedenfalls*

Gefahr, unvollkommen zu bleiben, weil eben dies feine, leichte Lachen fehlt, so wie gewisse Werke Bachs niemals exakt wiedergegeben werden, weil den modernen Orchestern die Bach-Trompeten mit ihrem ganz besonderen Klang abgehen, für die der Komponist den einen oder andern Part geschrieben hat.

(7) Thomas Mann (1875-1955) –
Herr und Hund. Ein Idyll (1918)

Herr und Hund wird allgemein nicht als ein im strengen Sinne literarisches Werk Thomas Manns angesehen. Die autobiographische Erzählung schildert das Zusammenleben der Familie Mann mit ihrem Hund Bauschan.

Aus dem Abschnitt 'Einige Nachrichten über Bauschans Lebensweise und Charakter'

Oder wir unterhalten uns, indem ich ihm auf die Nase schlage, und er nach meiner Hand schnappt wie nach einer Fliege. Dies bringt uns beide zum Lachen – ja, auch Bauschan muss lachen, und das ist für mich, der ebenfalls lacht, der wunderlichte und rührendste Anblick von der Welt. Es ist ergreifend zu sehen, wie unter dem Reiz der Neckerei es um seine Mundwinkel, in seiner tierisch hageren Wange zuckt und ruckt, wie in der schwärzlichen Miene der Kreatur der physiognomische Ausdruck des menschlichen Lachens oder doch ein trüber, unbeholfener und melancholischer Abglanz davon erscheint, wieder verschwindet, um den Merkmalen der Erschrockenheit und Verlegenheit Platz zu machen, und abermals zerrend hervortritt ...

Auch In Doktor Faustus (Kapitel IV) (2.6 (2)) erwähnt Thomas Mann an zwei Stellen Hunde, an denen er eine Art Lachen entdeckt hat:

Sein Freund, und auch meiner, war der Hofhund Suso – er führte sonderbarerweise diesen Namen –, eine etwas schäbige Bracke, die, wenn man ihr die Mahlzeit brachte, breit über das ganze Gesicht zu lachen pflegte, aber für Fremde keineswegs ungefährlich war und das eigentümliche

Leben des tagsüber an seine Hütte zu seinen Schüsseln gebannten Ket-
tenhundes führte, der nur in stiller Nacht frei auf dem Hofe umherschweift.

Der Hofhund in Pfeiffering konnte ebenfalls lachen, wenn er auch nicht
Suso, sondern Kaschperl hieß, wenigstens ursprünglich so geheißen hatte.

2.8 Gedichte

(1) Achim von Arnim (1781-1831) – Das bucklige Männlein

Tobias Widmaier/Johanna Ziemann: Das Anfang des 19. Jahrhunderts in der romantischen Volksliedsammlung *Des Knaben Wunderhorn* erstmals belegte Lied vom 'bucklichen Männlein' hat als Kinderlied weite Verbreitung gefunden. Genau besehen thematisiert es nicht – wie meist angenommen – Konflikte mit einem koboldhaften Plagegeist, sondern die Zudringlichkeiten eines unwillkommenen Freiers. Deutlich geht dies aus Varianten des Liedes hervor, die im Lauf des 19. Jahrhunderts in unterschiedlichen Regionen aufgezeichnet wurde." (Widmaier, aaO)

Das bucklige Männlein wird in verschiedener Weise lästig, es lacht aber auch:

Das bucklige Männlein

Will ich in mein Gärtlein gehn,
Will meine Zwiebeln gießen
Steht ein bucklicht Männlein da,
Fängt als an zu niesen.

Will ich in mein Küchel gehn,
Will mein Süpplein kochen,
Steht ein bucklicht Männlein da,
Hat mir's Töpflein brochen.

Setz ich mich ans Rädlein hin,
Will mein Fädlein drehn,
Steht ein bucklicht Männlein da,
Läßt mir's Rad nicht gehen.

Geh ich in mein Kämmerlein,
Will mein Bettlein machen,
Steht ein bucklicht Männlein da,
Fängt als an zu lachen.

Wenn ich an mein Bänklein knie,
Will ein bißlein beten,
Steht ein bucklicht Männlein da,
Fängt als an zu reden.

Liebes Kindlein, ach ich bitt,
Bet fürs bucklicht Männlein mit!

Der Herausgeber der Sammlung "Des Knaben Wunderhorn", Clemens Brentano) hat die mündlich überlieferten Fassungen überarbeitet und ein anderes Ende (Bitte um Gebet) eingefügt.

Zwischen dem 'bucklichten' (oder 'buckligen') Männlein (es gibt verschiedene Schreibweisen) und der Gestalt 'Odradek' (vgl. 2.5.3 (5)) werden von Einigen Parallelen gesehen. (Benjamin, S. 21 ff.)

(2) Friedrich Rückert (1788-1866) – Lachen und Weinen (1822)

Lachens und Weinens Grund

Lachen und Weinen zu jeglicher Stunde
Ruht bei der Lieb auf so mancherlei Grunde.
Morgens lacht ich vor Lust,
Und warum ich nun weine
Bei des Abends Scheine,
Ist mir selbst nicht bewusst.

Weinen und Lachen zu jeglicher Stunde
Ruht bei der Lieb auf so mancherlei Grunde.
Abends weint ich vor Schmerz,
Und warum du erwachen
Kannst am Morgen mit Lachen,
Muß ich dich fragen, o Herz?

Im „Bildungsbürgertum" seiner Zeit stand Rückert in hohem Ansehen. Er hat das Gedicht, das zunächst keine Überschrift hatte, in die Sammlung *Östliche Rosen* aufgenommen. Stets interessiert an orientalischer Literatur hat er auch Gedichte des persischen Dichters Hafis übersetzt. Das Gedicht wurde 1822 von Franz Schubert (1797 – 1828) vertont. (opus 59 [Vier Lieder] Nr. 4)

(3) Heinrich Heine (1797-1856) – Ein Weib (1844)

1844, siebzehn Jahre nach dem „Buch der Lieder", erschienen die „Neuen Gedichte". Daraus:

Ein Weib

Sie hatten sich beide so herzlich lieb,
Spitzbübin war sie, er war ein Dieb.
Wenn er Schelmenstreiche machte,
Sie warf sich aufs Bett und lachte.

Der Tag verging in Freud und Lust,
Des Nachts lag sie an seiner Brust.
Als man ins Gefängnis ihn brachte,
Sie stand am Fenster und lachte.

Er ließ ihr sagen: O komm zu mir,
Ich sehne mich so sehr nach dir,
Ich rufe nach Dir und schmachte –
Sie schüttelt 'das Haupt und lachte.

Um sechse des Morgens ward er gehenkt,
Um sieben ward er ins Grab gesenkt;
Sie aber schon um achte
Trank roten Wein und lachte.

Neue Gedichte, Romanzen, Nr. 1 (1844)

Für Renate Jurzik wird das Lachen 'mit jeder Strophe abgründiger'. Das Lachen sei 'Beispiel für die Möglichkeit des Umschlagens von dem sich Solidarisieren in ein alle Solidarisierung Brechen'. Im ersten Lachen klinge 'noch der Ton des gemeinsamen Triumphes über die gelungenen Streiche' an, das kippe schon in der zweiten Strophe in ein distanzierendes Lachen um. (Jurzik, S. 46)

(4) James Joyce (1882-1941) –
Gedichte – Chamber Music (Kammermusik, 1907)

Joyce hatte lange Zeit große Schwierigkeiten, für die *Kammermusik* einen Verleger zu finden, hatte auch selbst immer wieder Zweifel daran, dass sie dafür geeignet seien. Nachdem es dann gelungen war, hielt sich der finanzielle Erfolg in Grenzen. (Vgl. Ellmann, S. 338, 355, 396, 406, 586)

Gedicht XXV

Leichten Schritts komm oder geh,
Weissagt dir dein Herz auch Weh,
Täler, geschwundene Sonnen zuhauf,
Bergnymphe, lass deinem Lachen den Lauf,
Bis der respektlosen Lüfte Schar
Kraust und zaust dein fliegend Haar.

Leichten Schritts – nur immer so hin:
Wolken, die über den Tälern ziehn,
Dass der Abendstern erblind't,
Niedrigste Begleitung sind:

Liebe und lachen liedberedt,
Wenn's ums Herz am schlimmsten steht.

Hans-Christian Oeser/Jürgen Schneider: „Im strikten Wortsinn handelt es sich nicht um eine Sammlung von Liebesgedichten, sondern eher um eine Suite lyrischer Lieder ohne Noten, die bereits im Gedanken an eine Vertonung verfasst wurden und die denn auch mehreren Komponisten als Vorlage dienten. ... Wie bereits der Titel erkennen lässt, wollte Joyce Musikgedichte schreiben, und zwar im dreifachen Sinne des Wortes: Gedichte aus Musik, über Musik und für Musik – ein akustisches Experiment, in dem sich bereits jene „Verklanglichung" ... sowohl der Sprache wie der Welt ankündigt, die er in seiner Prosa zum Programm erheben sollte."
(Oeser, S. 66)

(5) Velimir Chlebnikov (1985-1922) – Beschwörung durch Lachen (1908-1909)

Velimir Chlebnikov wird als Dichter dem russischen Futurismus zugerechnet. Von seinem Gedicht *Zaklâtie smechom* gibt es mehrere Übersetzungen oder Nachdichtungen in die deutsche Sprache:

Beschwörung durch Lachen (Auszug)

Ihr Lacherer, schlagt die Lache an!
Ihr Lacherer, schlagt an die Lacherei!
Die ihr vor Lachen lacht und lachhaftig lachen macht,
schlagt lacherlich eure Lache auf!
Lachen verlachender Lachmacher! Ungeschlachtes Gelachter!
Lachen lacherlicher Lachler, lach und zerlach dich!

Christa Ebert: „Dem Gedicht liegt ein Sprachexperiment zugrunde, der wort-spielerische Versuch, eine einzige Wortwurzel (smech – lachen) mit immer neuen Prä- und Suffixen zu versehen und dadurch eine Vielzahl neuer Sinnfärbungen und emotionaler Nuancen zu erzielen. ...Das Gedicht hat keinen Gegenstand – im

130

Sinne einer in Bildsprache übersetzten Gegenständlichkeit. (Ebert, aaO)

Rainer Goldt: „Zusammen mit Kručenych entwarf Chlebnikov in mehreren manifestartigen Texten ... die Theorie einer weitgehend auf Neologismen basierenden ‚transmentalen' Sprache und schuf nachgerade klassische Beispiele futuristischer Wortkunst (Zakljatie smechom – Beschwörung durch Lachen)." (Rainer Goldt KNLL Band 3 S. 951 ff.)

(6) Yôkishi – Haiku

Haiku ist eine traditionelle japanische Gedichtform, die heute weltweit verbreitet ist. Das Haiku gilt als die kürzeste Gedichtform der Welt. Im Deutschen werden Haiku meist dreizeilig geschrieben. Bis um die Jahrtausendwende galt zudem die Vorgabe von 5-7-5 Silben. Das ist auch in diesem Haiku eingehalten.

Sogar beim Lachen
Macht sich das Mädchen Sorge
Um seine Linie.

3 Einzelthemen

3.1 Thema: Lachfeindlichkeit

Dieter Borchmeyer schreibt in *Faust – Goethes verkappte Komödie,* vor allem sei es das altchristliche Mönchstum gewesen, von dem das Lachen als mit der Würde des Menschen unvereinbar angesehen worden sei. Die Tradition der Lachfeindschaft reiche über die jesuitische und jansenistische Komödienkritik des 17. Jahrhunderts bis zu Baudelaires Essay *De l'essence du rire,* der das Lachen noch einmal als Signatur der gefallenen Menschheit, als Merkmal des Satanischen im Menschen decouvriert habe. Auch Goethes Mephisto mute "dem göttlichen Herrn jene dogmatisch-christliche Lachfeindschaft zu, wohl wissend, dass Gott sich das Lachen nur 'abgewöhnt' hat, es ihm ursprünglich, in vorchristlicher Zeit, durchaus eigen war".
(Borchmeyer, S.206f.)

Das Lachen wurde nicht immer als etwas Positives angesehen. Das lässt sich anhand vieler Textstellen belegen, die durch eine umfangreiche Spezialliteratur ergänzt werden. Die folgenden Zitate können nur beispielhaft sein.

(1) Basilius von Caesarea (Basilius der Große) (330-379) – Regulae fusius tractatae

Basilius war im 4. Jahrhundert n.Chr. Bischof und Kirchenlehrer. Er hat eine Schriftensammlung *Asketika* hinterlassen, darunter auch eine „Mönchsregel", die noch heute in der orthodoxen Kirche gilt und auch die Benediktusregel des Benedikt von Nursia [3.1 (2)] beeinflusst hat. Dort werden im letzten Kapitel die *Regulae sancti patri nostri Basilii* ausdrücklich erwähnt.

Teil der Mönchsregel des Basilius sind auch *55 ausführliche Regeln
in Frage und Antworten (Regulae fusius tractatae)*.

Frage 17

Die 17. Frage lautet: Muss man auch im Lachen enthaltsam sein?

*Erste Antwort: ... Denn sich einem unmäßigen und unbändigen La-
chen überlassen, ist ein Zeichen von Unenthaltsamkeit und davon, dass
man die Regungen nicht beherrscht und die Leichtfertigkeit der Seele nicht
durch die Strenge der Vernunft niedergehalten wird. Dagegen ist nicht
ungeziemend, durch sanftes heiteres Lächeln die Fröhlichkeit der Seele
anzuzeigen; davon allein spricht die Schrift, wenn sie sagt: ‚Ein fröhliches
Herz erheitert das Angesicht. Aber laut aufzulachen, so dass unwillkürlich
der ganze Leib erschüttert wird, geziemt dem nicht, der ruhigen Gemüts
ist, fromm und sich selbst beherrscht.‘ ... Lasst euch nicht täuschen von
der Doppelsinnigkeit des Wortes „Lachen", denn die Schrift pflegt oft
sowohl die Freude der Seele als auch die fröhliche Stimmung über das Gute
Lachen zu nennen. So sagt Sara: „Gott hat mir Lachen erregt." Ferner
heißt es: „Selig seid ihr, da ihr jetzt weinet, denn ihr werdet lachen," und
steht bei Job geschrieben: Der wahrhafte Mund aber wird voll Lachens
werden.*

Der französische Historiker Jacques Le Goff (1924-2014), ein Ex-
perte für die Geschichte des europäischen Mittelalters, macht darauf
aufmerksam, wie jede religiöse und moralische Vorschrift sei auch
das Verbot des Lachens mit Stellen der Heiligen Schrift begründet
worden. Abgesehen vom Beispiel Jesu, der dem Evangelium zufolge
nicht gelacht habe, stützte sich die Verurteilung des Lachens im
Kloster auch auf zahlreiche ausdrückliche Hinweise in der Bibel.
(Le Goff, S. 59)

Es fällt übrigens auf, dass sowohl der hier nicht zitierte weite-
re Text der ersten Antwort als auch der ganze Text der zweiten
Antwort nicht mehr vom Lachen sprechen. Dort ist nur noch die
Rede von 'Leidenschaft', 'Reiz zur Lust', 'schädlichen Vergnügen',

'Enthaltsamkeit', 'sinnlicher Lust'. Damit wird offenbar die Sexualität angesprochen und es fragt sich, was Basilius bewogen haben könnte, diese Ermahnungen gerade unter die Überschrift Lachen einzuordnen.

(2) Benedikt von Nursia (480-550) – Benediktusregel (529)

Ein Beleg dafür, dass in gewissen Epochen das Lachen bestenfalls mit Zurückhaltung geschätzt wurde, ist auch in der *Regula Benedicti (Benediktusregel)* des Ordensgründers Benedikt von Nursia zu finden.

Benedikt von Nursia hat um 529 auf dem Monte Cassino bei Neapel das Kloster gegründet, aus dem heraus sich der Benediktinerorden entwickelt hat. Heute gibt es in der Welt rund 150 Klöster für Männer des Benediktinerordens.

Die *Benediktusregel* umfasst 73 Kapitel. Sie ist die *schriftlich niedergelegte Ordnung, die in einem Kloster das monastische Leben in der Gemeinschaft reguliert, regelt, ordnet. ... Als Lebens- und Hausordnung legt sie fest, wie gebetet, gearbeitet, gehorcht und miteinander gelebt werden soll.* (Einleitung S. 27)

In einigen der 73 Kapitel der Benediktusregel finden sich Aussagen über das Lachen.

Kapitel 4 Die Werkzeuge der geistlichen Kunst:
53 Leere oder zum Gelächter reizende Worte meiden
54 Häufiges oder ungezügeltes Gelächter nicht lieben

Kapitel 6 Die Schweigsamkeit:
8: Albernheiten aber, müßiges und zum Gelächter reizendes Geschwätz verbannen und verbieten wir für immer und überall. Wir gestatten nicht, dass der Jünger zu solchem Gerede den Mund öffne.

Kapitel 7 Die Demut:
59: Die zehnte Stufe der Demut: Der Mönch ist nicht leicht und schnell
zum Lachen bereit, steht doch geschrieben: "Der Tor bricht in schallendes
Gelächter aus."
60: Die elfte Stufe der Demut: Der Mönch spricht, wenn er redet, ruhig
und ohne Gelächter, demütig und mit Würde wenige und vernünftige
Worte und macht kein Geschrei.

Die Texte zeigen, dass sich aus ihnen ein absolutes Lachverbot nicht entnehmen lässt. Jaques Le Goff beschreibt in seiner Abhandlung "Lachen und Ordensregeln im Hochmittelalteräusführlich die verschiedenen im Mittelalter feststellbaren Haltungen gegenüber dem Lachen. Man kann vermuten, dass, losgelöst von schriftlichen Verlautbarungen, in der Praxis stets ein angemessener Mittelweg gefunden wurde. (<u>Le Goff</u>, S. 45 ff.)

„Entsprechend einer üblichen und die Entwicklung von Mentalitäten und Empfindungen im Hochmittelalter erhellenden Technik wählte jeder aus der Bibel mehr oder weniger das aus, was seinen Ansichten diente; Aufforderungen zu Freude und Lachen wurden dabei oft mit Stillschweigen übergangen." (<u>Le Goff</u>, S. 62)

Die Mediävisten sind der Auffassung, dass bezüglich der Einstellung gegenüber dem Lachen Dantes Göttliche Komödie eine Wende eingeleitet habe. [Vgl. 2.2.2 (1)]

(3) Umberto Eco (1932-2016) – Der Name der Rose (1980)

Umberto Ecos Roman *Der Name der Rose* kommt – auf den ersten Blick – wie ein Kriminalroman daher. Er wurde 1986 unter dem Originaltitel verfilmt, in zahllose Sprachen übersetzt und millionenfach verkauft. Er entpuppt sich dem Leser dann aber als ein Buch über das Lachen, letztlich auch über Lachfeindschaft, dies allerdings erst am sechsten der sieben Tage, auf die sich die Handlung des Romans erstreckt.

Aus dem einleitenden Text *Natürlich, eine alte Handschrift* erfährt man: In der letzten Novemberwoche des Jahres 1327 ist der englische Franziskanerpater William von Baskerville in einer politischen Mission als Sondergesandter des Kaisers unterwegs. Er wird vom Abt der Benediktinerabtei, in der mysteriöse Morde geschehen sind, gebeten, den Täter zu ermitteln. Ihm steht als Adlatus Adson von Melk zur Seite.

In der Abtei kommt es zu Gesprächen mit Jorge von Burgos, dem blinden Leiter der Bibliothek. Am Ende verbrennt nicht nur das (fiktive) geheim gehaltene zweite Buch der Poetik des Aristoteles, das von der Komödie und dem Lachen handelt (Über das Komische), sondern die ganze Abtei mitsamt ihrer kostbaren Bibliothek.

Der Text wird als ein Manuskript des Adson von Melk dargestellt. Es ist in sieben Tage gegliedert, jeder Tag in mehrere Abschnitte, die nach den „kanonischen Stunden" des Ordens (Laudes, Prima, Tertia, Sexta, Nona, Vesper, Komplet) benannt sind.

Jorge von Burgos will dieses zweite Buch der Poetik des Aristoteles geheim halten, weil es nach seiner Auffassung dem Lachen zu positiv gegenüber stehe. In Gesprächen mit William von Baskerville erläutert er seine ablehnende Haltung gegenüber dem Lachen:

Zweiter Tag – Tertia

Die Komödien wurden von Heiden geschrieben, um die Leute zum Lachen zu bringen, und das war schlecht. Unser Herr Jesus hat weder Komödien noch Fabeln erzählt, ausschließlich klare Gleichnisse, die uns allegorisch lehren, wie wir ins Paradies gelangen, und so soll es bleiben!

... Das Lachen ist ein Zeichen der Dummheit. Wer lacht, glaubt nicht an das, worüber er lacht, aber er hasst es auch nicht. Wer also über das Böse lacht, zeigt damit, dass er nicht bereit ist, das Böse zu bekämpfen, und wer über das Gute lacht, zeigt damit, dass er die Kraft verkennt, dank welcher das Gute sich wie von selbst verbreitet.

Siebenter Tag – Nacht

Gewiss ist das Lachen dem Menschen eigentümlich, es ist das Zeichen unserer Beschränktheit als Sünder. Aus diesem Buch aber könnten verderbte Köpfe wie deiner den äußersten Schluss ziehen, dass im Lachen die höchste Vollendung des Menschen liege!

Im Rahmen einer Ringvorlesung *Romane des 20. Jahrhunderts*, die 2015 an der Universität Kiel stattfand, wurde herausgearbeitet, dass sich Jorge und William über die gesellschaftsverändernde Kraft des Lachens im Grunde einig sind: Für Jorge gelte es eben deshalb, das Lachen zu verhindern. Für William sei diese Auffassung zu absolutistisch, das Lachen habe die Kraft, den „Allgemeinheitsanspruch absoluter Wahrheiten" zu unterlaufen. (Universität Kiel, S. 5)

Karl-Josef Kuschel hat eine differenzierende Auffassung: Als Theologe zögert er, *Williams Position des Lachens einfach zu übernehmen, so sehr sie angesichts des verbrecherischen Wahrheitsfanatismus eines Jorge von Burgos befreiend wirkt und so wohltuend sie sich vom Wahrheitsterror der Inquisitoren unterscheidet.* Man werde sich besser nicht darauf verlassen, dass das Lachen über die Wahrheit Menschen wirklich frei macht. Denn die Wahrheit verlachen sei kein Weg ins Freie. Ein solches Lachen führe *nicht wirklich zur Freiheit, sondern in die Resignation, weil die Widersprüche in Kirche und Gesellschaft zwar verlacht, aber nicht weggelacht werden können.* (Kuschel, S. 185)

Lachfeindlichkeit hat verschiedene Erscheinungsformen, die z. B. von Ordensregeln befohlene, aber auch die durch Erziehung erworbene (Anton Reiser), oder auch jene, die sich mit grundsätzlichen Erwägungen (Jorge von Burgos) erklären lässt.

Siehe zum Thema „Lachfeindlichkeit" auch:

- 2.4.1 (1) Friedrich Gottlieb Klopstock – Der Messias
- 2.5.2 (1) Bibel – Altes Testament
- 3.3 (2) Caesarius von Heisterbach – Der ernsthafte König

3.2 Lachen und Weinen

(1) François Rabelais (1494-1553) –
Gargantua und Pantagruel (1532-1564)

Zwischen 1532 und 1564 hat François Rabelais sein fünfbändiges Werk *Gargantua und Pantagruel* veröffentlicht. Es geht in diesem Romanzyklus um Pantagruel, einen jungen Riesen, und dessen Vater Gargantua. Für den zuerst verfassten *Pantagruel (Die schrecklichen und entsetzlichen Abenteuer und Heldentaten des hochberühmten Pantagruel, König der Dipsoden, Sohn des großen Riesen Gargantua)* hatte Rabelais zunächst keine Fortsetzung geplant. Ermuntert durch den Erfolg des Pantagruel verfasste Rabelais dann doch den *Gargantua (Das sehr schreckliche Leben des großen Gargantua, Vater von Pantagruel)*.

Dass das Werk die Leser auch „zum Lachen bringen" soll, spricht Rabelais in seinen „an die Leser" gerichteten Worten an:

An meine Leser
Freund, der du dies Buch durchblätterst,
Lass dich nicht in Harnisch bringen,
Dass du mir nicht tobst und wetterst,
Denn du find'st von schlechten Dingen
Nichts darin. Ob arg viel Gutes?
Weiß ich nicht, 's wär' denn das Lachen!
Und ich will euch lachen machen.
In der Dumpfheit eures Blutes
Kann euch ja kein Scherz gelingen!
Eure Tränen steh'n euch schlecht:
Lachen! das ist Menschenrecht!

In den einzelnen Episoden wird nicht sehr viel gelacht. In der folgenden jedoch ist das Lachen im Text selbst thematisiert: Gargantuas Frau ist bei der Geburt Pantagruels gestorben. Gargantua denkt nach, ob er im Hinblick auf die Geburt des Sohnes lachen oder im Hinblick auf den Tod seiner Frau weinen soll.

Zweites Buch – Des Pantagruel erstes
Drittes Kapitel- Wie Gargantua über den Tod seiner Frau Bade-
bek trauerte

*Und war der Zweifel, der ihn in seinen Gedanken peinigte: ob er müsst'
weinen vor Traurigkeit über sein Weib, oder lachen vor Freuden über
seinen Sohn. Muss ich jetzt heulen? sprach er. Ja. Denn warum? Mein
teures Weib ist tot, die beste hin, die beste her, die man auf Erden nur
finden mocht'. Ich werd' sie nimmer wiedersehen, krieg' auch so eine halt
nimmer wieder; ist mir ein unschätzbarer Verlust!*

*Und wie er dies sprach, heult' er wie eine Kuh. Doch plötzlich lacht' er
wieder hell auf wie ein Kalb, wenn ihm Pantagruel einfiel. Ho! Ho! rief
er, mein kleiner Sohn, lieb's Hosseloddel, wie bist du so artig! Wie dank
ich Gott, dass er mir einen so schönen, muntern, lachenden, artigen Sohn
gegeben!*

Maria Moog-Grünewald stellt fest, der Text suggeriere durch
seine Struktur der Unentschiedenheit und Unauflösbarkeit durch
Wortwahl, Wortfolge, im ganzen durch den vertraut-vertraulichen,
versöhnlich-tölpelhaften Sprech- und Sprachstil, dass das Lachen
obsiegen wird – freilich unter Einbezug des Weinens als immer
gegenwärtiger Möglichkeit. (Moog-Grünewald, S. 158)

In einer Art Vorwort zu *Die Kunst des Romans* [2.5.1 (1)] schreibt
Milan Kundera zu Rabelais:

„ ... was ist der Roman? Es gibt ein wunderschönes jüdisches
Sprichwort: Der Mensch denkt, Gott lacht. Inspiriert von dieser
Sentenz stelle ich mir gern vor, dass François Rabelais eines Tages
Gottes Lachen gehört hat und so die Idee des ersten großen euro-
päischen Romans geboren wurde. Mir gefällt der Gedanke, dass die
Kunst des Romans als Echo auf Gottes Lachen zur Welt kam. ..."

(2) Michel Eyquem de Montaigne (1533-1592) –
Weinen und Lachen

Michel de Montaigne hat in Frankreich die literarische Form des Essays begründet. In der Zeit von 1580 bis 1588 hat er zahlreiche solcher Essays veröffentlicht. Hierzu zählt auch *Weinen und Lachen*.

Ähnlich wie Cervantes, Rabelais und Brant wendet sich auch Montaigne zu Beginn an den Leser:

Lieber Leser! In dem Buche, das ich vorlege, will ich aufrichtig sein. Ich sage dir gleich, dass die Absichten, die ich darin verfolge, nur privater und persönlicher Natur sind. Ich habe gar nicht daran gedacht, ob du es brauchen kannst und ob es mir Ruhm einbringt; dazu reichen meine Kräfte doch nicht.

Die vielfältigen Themen werden ohne erkennbare Ordnung behandelt. „Literarisches, Alltägliches, Naheliegendes und Sonderbares steht bunt gemischt nebeneinander." (Volker Roloff KNLL Band 11 S. 885)

Genau dies entspricht aber Montaignes Intentionen. Er hat die Essays nicht als „allgemeingültige philosophisch-moralische Traktate" verstanden, sondern, der ursprünglichen und eigentlichen Bedeutung des Wortes Essay entsprechend, eben als Versuche.

In *Weinen und Lachen* schreibt er:

Unser Tun ist zwar meist Maske und Schminke, und es trifft auch oft zu, was der Dichter sagt: ‚Der weinende Erbe lacht unter der Maske'; aber man muss doch in allen solchen Fällen bedenken, dass in der Regel mehrere Stimmungen gleichzeitig auf die Seele einwirken. Und wenn sie auch in verschiedener Richtung erregt wird, muss eine Stimmung sich schließlich durchsetzen; aber doch nicht ausschließlich; unsere Seele ist so beweglich und geschmeidig, dass auch die zurückgedrängten Regungen sich daneben bemerkbar machen und vorübergehend sogar die Oberhand

*gewinnen können. Kinder weinen und lachen deshalb oft zugleich, geben
sie doch den Naturgesetzen naiv nach.*

(3) E.T.A. Hoffmann (1776-1822) –
Nachricht von den neuesten Schicksalen
des Hundes Berganza (1814/1815)

In E.T.A. Hoffmanns Werk spielt die Konfrontation der Menschen-
welt mit der Tierwelt eine große Rolle. Der Hund Berganza, der
Kater Murr und der Meister Floh sind bei ihm titelgebend.

Die *Nachricht von den neuesten Schicksalen des Hundes Berganza ist
eines der Fantasiestücke in Callot's Manier.* Hoffmann bezieht sich mit
dieser Bezeichnung auf den französischen Maler Jacques Callot
(1592-1635). Dessen Darstellungsweise nimmt er sich zum Vorbild.

Der Erzähler trifft auf dem Heimweg von seiner Kneipe den
Hund Berganza, ein Gespräch kommt zustande. Die literarische
Figur der Dogge Berganza taucht zum erstenmal in der 1613 er-
schienenen Novelle *El Coloquio de los Perros (Das Zwiegespräch der
Hunde)* von Miguel de Cervantes Saavedra auf. Diese Hundegesprä-
che haben in der Literatur eine lange Vorgeschichte. Sie beginnt
mit dem Dialog des Menippus mit dem Hund Cerberus in den
Totengesprächen (21. Gespräch) des Lukian von Samosata (120-180).

Alexandra Berger-Vogel weist darauf hin, dass Humor in der
Nachricht von den neuesten Schicksalen eine wichtige Rolle spielt.
Wenn das Verhalten der Menschen vom Hund Berganza kommentiert und kritisiert werde und dies zutiefst ernst gemeint sei, sei die
Darstellung trotzdem humorvoll und witzig. Die Tiermaske sorge
dafür, dass die Verhöhnung menschlicher Eigenschaften lustig klinge. Eine Kritik wirke weniger hart, wenn sie von einem Tier komme,
vor allem wenn den menschlichen Schwächen die Eigenschaften
der Tiere gegenübergestellt würden. „Der Leser lacht, wenn sich
Berganza über die Gesichter der Menschen lustig macht und mit

den verschiedenen Tierrassen vergleicht oder wenn er deren Lachen für dumm hält." (Berger-Vogel, S. 84)

Fantasiestücke in Callot's Manier; V. Nachricht von den neuesten Schicksalen des Hundes Berganza

Berganza: Hast du denn noch nie einen Hund weinen gesehen? – Allerdings hat die Natur so wie euch auch uns mit eigner Ironie gezwungen, in dem feuchten Element des Wassers den Ausdruck der Rührung und des Schmerzes zu suchen, wogegen sie uns die Erschütterung des Zwerchfells, wodurch die närrischen Laute entstehen, welche ihr Lachen nennt, ganz versagt hat. Das Lachen muß daher wohl rein menschlicher sein als das Weinen. Aber gütig sind wir für euer Lachen durch einen besondern Organismus entschädigt, der den Teil unseres Körpers beseelt, welchen euch die Natur ganz versagt, oder, weil, wie manche Physiologen behaupten, ihr ihn, seine Zierde verkennend und verschmähend, beständig eigenmächtig weggeworfen habt, euch zuletzt entzogen hat. – Ich meine nichts anderes, als dasjenige hundertfach modifizierte Hin- und Herbewegen unseres Schweifes.

Weitere Quellen zum „sprechenden Hund": Sabine Laußmann KNLL Band 3 S. 816 (zu Cervantes: El Coloquio de los perros)

(4) Joseph Roth (1894-1939) –
Hiob. Roman eines einfachen Mannes (1930)

Joseph Roth entstammt einer galizischen jüdischen Familie, er erzählt in *Hiob. Roman eines einfachen Mannes* die Geschichte einer ebenfalls jüdischen Familie, die nach Amerika emigriert ist. Über das Familienoberhaupt Mendel Singer bricht ein Unglück nach dem anderen herein; das erklärt den Vergleich mit dem alttestamentarischen Hiob, dessen Schicksal im Buch Hiob, einem der „Bücher der Lehrweisheit", geschildert wird:

Sein viertes Kind Menuchim ist behindert, seine Tochter hat einen lockeren Lebenswandel, die Söhne müssen zum Militär und dann in den Krieg. Einem Sohn gelingt es, nach Amerika zu kommen. Der Sohn Schemarjah, er nennt sich dort Sam, hat es zu Wohlstand gebracht und holt seine Familie nach. In Amerika folgen für Mendel weitere Schicksalsschläge: Sohn Jonas gilt als verschollen. Auch Sam geht zur Armee und fällt. Ehefrau Deborah stirbt. Bald darauf ist Tochter Mirjam geistig umnachtet. Mendel Singer hadert mit Gott und resigniert.

Menuchim findet seinen Vater in New York. Der in seiner Kindheit Behinderte wurde geheilt und hat durch seine musikalische Naturbegabung Karriere als Komponist und Dirigent gemacht.

In **Kapitel XV** findet Menuchim seinen totgeglaubten Sohn wieder:

Wieder antwortete der Fremde nicht. Er stocherte mit dem Löffel auf dem Grunde des Glases herum, ... die schmale, braune Hand sachte bewegend, sagte er endlich, unerwartet laut, wie mit einem plötzlichen Entschluss: „Menuchim lebt".

Es klingt nicht wie eine Antwort, es klingt wie ein Ruf. Unmittelbar darauf bricht ein Lachen aus Mendel Singers Brust. Alle erschrecken und sehen starr auf den Alten. Mendel sitzt zurückgelehnt auf dem Sessel, schüttelt sich und lacht. ... Mendels langer Bart bewegt sich heftig, flattert beinahe wie eine weiße Fahne und scheint ebenfalls zu lachen. Aus Mendels Brust dröhnt und kichert es abwechselnd. Alle erschrecken, Skowronnek erhebt sich etwas schwerfällig aus den schwellenden Kissen und behindert durch den langen, weißen Kittel, geht um den ganzen Tisch, tritt zu Mendel, beugt sich zu ihm und nimmt mit beiden Händen Mendels beide Hände. Da verwandelt sich Mendels Lachen in Weinen. – Endlich ist Mendel ruhig. Er sieht Kossak gerade an und wiederholt: "Menuchim lebt?" Der Fremde sieht Mendel ruhig an und sagt: "Menuchim lebt, er ist gesund, es geht ihm sogar gut!"... "Wo ist Menuchim jetzt?" fragt Skowronnek. Und langsam erwidert Alexej Kossak: Ich selbst bin Menuchim."

Stefan Zweig hat den Roman Hiob rezensiert:

„Mit welcher verborgenen Kunst ... dies Werk gestaltet ist, werden nur die Kenner verstehen, denn seine Einfachheit, seine tiefe Zartheit ist magistraler und kraftvoller als alles Raffinierte und fühlbar Bewusste. Alles Nebensächliche in diesem scheinbar nebensächlichen Schicksal ist weggelassen, um dem Übergewaltigen Raum zu geben. ...Man erlebt statt zu lesen. Und man schämt sich nicht, endlich auch einmal von einem wirklichen Kunstwerk ganz sentimentalisch erschüttert zu sein." (Zweig, aaO)

(5) Helmuth Plessner (1892-1985) – Lachen und Weinen (1941)

Helmuth Plessner ist der Namensgeber für eine bestimmte Art des Lachens, nämlich das *Plessnersche Verzweiflungslachen*. Die Abhandlung *Lachen und Weinen* ist erstmals (separat) 1941 erschienen ist und 1970 in den Band *Philosophische Anthropologie* übernommen worden.

Kapitel: Anlässe des Lachens

5. Abschnitt: Verlegenheit und Verzweiflung

Für den Verzweifelten, der nicht mehr aus noch ein weiß, gibt es keinen Spielraum der Äußerung. Er kann alles beginnen und nichts beginnen, und vielleicht ist die stille Verzweiflung die tiefere. Wer die Kraft aufbringt, um sich zu schlagen, zu toben, zu weinen oder zu lachen, hat sich noch nicht verloren gegeben, denn er realisiert noch den Abstand zu seiner Lage. Ihm schwindelt, aber er ist noch nicht ganz am Ende. Zwar wirkt Weinen hier „natürlicher", weil es die Kapitulation und Entspannung anzeigt, und das hohle, harte, gequälte Lachen widernatürlich, höllisch, weil es nach Trotz, Hohn oder Betrug klingt. Aber in der Verzweiflung selbst, die weder den Ausweg in die Selbstaufgabe noch in den Galgenhumor gefunden hat, sind Lachen und Weinen gleich echt und gleich fehl am Ort. (Plessner, S. 120 f.)

Zu 'Lachen und Weinen' auch:

- 2.2.1 (6) James Krüss – Timm Thaler
- 2.2.3 (1) Gotthold E.Lessing – Minna von Barnhelm
- 2.5.1 (8) Christa Wolf – Kein Ort, nirgends
- 2.8 (2) Friedrich Rückert – Lachen und Weinen

3.3 Lachen und Nicht-Lachen

Nicht nur das Lachen ist häufig Gegenstand literarischer Texte, man trifft auch auf das selbst auferlegte Nicht-Lachen oder das von einem anderen eingeforderte Unterlassen des Lachens, auf die enttäuschte Erwartung des Nichtlachens, verschiedene Formen des „Nicht-Lachens" also.

(1) Volksgut – Geschichte eines Mannes, der aus Reue sein Leben lang nicht mehr gelacht hat; in: Alf Laila wa-Laila (Tausendundeine Nacht) (ca. 4.-8. Jh.)

Tausendundeine Nacht ist eine Sammlung von Erzählungen in arabischer Sprache, die aus dem Vorderen Orient stammen und zu den Klassikern der Weltliteratur zählen. Es handelt sich um eine Rahmenerzählung mit Schachtelgeschichten. Die ersten Fassungen sind wohl im dritten bis achten Jahrhundert entstanden. Das Strukturprinzip der Rahmengeschichte sowie einige der enthaltenen Tierfabeln weisen auf einen indischen Ursprung hin und stammen vermutlich aus der Zeit um 250.

Schahriyâr, König einer nicht näher bezeichneten Insel, erfährt von der Untreue seiner Frau. Er lässt sie töten und lässt sich in der Folgezeit jede Nacht eine Jungfrau zuführen, die jeweils am nächsten Morgen ebenfalls getötet wird. – Nach einiger Zeit will Scheherazade, die Tochter des Wesirs, die Frau des Königs werden; sie hat die Absicht, das Töten zu beenden. Sie beginnt, dem König Geschichten sehr trickreich zu erzählen: Am Ende der Nacht kommt sie an einer so spannenden Stelle an, dass der König die Fortsetzung hören will und die Hinrichtung aufschiebt. Nach tausendundein Nächten hat sie ihm drei Kinder geboren, der König begnadigt sie.

Die wohl bekanntesten Geschichten sind die von *Ali Baba und den vierzig Räubern* und die von *Sindbad, dem Seefahrer*. Zu diesen zählt die folgende *Geschichte eines Mannes, der aus Reue sein Leben lang nicht mehr gelacht hat*, nicht. – Sie erstreckt sich – in der Zählung der aktuellen Ausgaben – von der 991. bis zur 993. Nacht.

Der Inhalt ist – textlich deutlich gestrafft – folgender:

Der Sohn eines reichen Mannes verprasst seinen Reichtum und verarmt. Ein Adler bringt ihn in ein Land, in dem er die Herrscherin zur Frau nehmen kann. Mit ihr lebt er sehr glücklich. Nach sieben Jahren benutzt er die Abwesenheit der Königin zu Öffnen einer verbotenen Tür. Da stürzt sich aus dieser Tür derselbe Adler heraus, nimmt ihn mit sich fort und bringt ihn Station um Station zu seinem Ausgangspunkt zurück. Noch immer hofft er, wieder zu seiner Frau zurückkehren zu können, aber nach einiger Zeit hört er eine Stimme, die ihm deutlich zuruft:

Das verlorene und verscherzte Glück kehrt im Leben nicht zurück. Nun zieht er Trauerkleider an, widmet sich vierzig Jahre der Reue und lacht nie mehr bis zu seinem Tod.

Eine Interpretation fällt schwer. Der Lachverzicht könnte als Teil einer selbst auferlegten Buße zu verstehen sein.

(2) Caesarius von Heisterbach (1180-1240) – Der ernsthafte König

Der ernsthafte König ist die vielleicht beliebteste Erzählung in der mittelalterlichen Literatur. Sie ist in sehr vielen Handschriften (die Experten zählen über 60) in z.T. unterschiedlichen Versionen, auch in der des Caesarius von Heisterbach, enthalten.

*Ein mächtiger König scheint nie lachen zu wollen. Als sein Bruder ihn
nach dem Grund dieses Verhaltens fragt, lässt er ihn gefangen nehmen und
befiehlt, dass dieser nackt zwischen vier Speeren stehen soll, die ihm unter
Todesgefahr jegliche Bewegungsmöglichkeit nehmen. – Der König stellt
dem Bruder die rhetorische Frage, warum er nicht lachen könne. Dabei
erklärt er ihm, dass er sich selbst in einer ähnlichen Situation befinde: Die
Erinnerung an das Leiden Christi am Kreuz raube ihm das Lachen. Der
Text endet mit einer Rede des Königs, die den Bruder zur Umkehr bewegt.*
(Text (sinngemäß) von Hagby S. 50)

Maryvonne Hagby: "Dieses Motiv des ernsthaften Königs wird
oft als Mahnung ausgelegt, die die Hörer ... zur Erkenntnis bringen
soll, dass Leichtsinn und fehlende Bereitschaft, sich im christlichen
Sinn auf den Tod vorzubereiten, den Menschen in die Hölle bringen. Besonders während der großen Entwicklung der literarischen
Kurzerzählung im Hochmittelalter muss es allerdings auch als War-
nung vor dem Lachen und dadurch vor höfischen Freunden und
literarischer Komik verstanden worden sein.(Hagby, aaO)

(3) Jacob Grimm (1785-1863)
und Wilhelm Grimm (1786-1859) –
Die zwölf Brüder (1812); in: Kinder- und Hausmärchen

Das Märchen *Die zwölf Brüder* steht in den *Kinder- und Hausmär-
chen ("KHM")* der Brüder Jacob und Wilhelm Grimm an neunter
Stelle von 60 Märchen des ersten Bandes der Sammlung. Die Brüder Grimm hatten auf Veranlassung von Achim von Arnim und
Clemens Brentano für die Volksliedersammlung Des Knaben Wunderhorn Material gesammelt, das von den Genannten jedoch nicht
verwendet wurde.

Der Inhalt: Der König will seine zwölf Söhne töten, falls das drei-
zehnte Kind, mit dem die Königin schwanger ist, ein Mädchen wird.
Die Königin schickt die zwölf Söhne deshalb zu ihrer Sicherheit in
den Wald. Zwölf Tage warten sie dort, bis eine Fahne ihnen anzeigt,
dass ein Mädchen geboren wurde und sie sterben sollen. Sie ziehen

148

in ein Häuschen im Wald. Dort findet sie die Schwester, die erst jetzt von der Existenz der Brüder erfährt.

Die zwölf Brüder werden zu Raben und fliegen fort. Auf Geheiß einer alten Frau beschließt das Mädchen, sieben Jahre nicht zu sprechen und nicht zu lachen, um ihre Brüder zu erlösen:

Das Mädchen sprach weinend: „Ist denn kein Mittel, sie zu erlösen?" – „Nein", sagte die Alte, „es ist keins auf der ganzen Welt als eins, das ist aber so schwer, dass du sie damit nicht befreien wirst, denn du musst sieben Jahre stumm sein, darfst nicht sprechen und nicht lachen, und sprichst du ein einziges Wort und es fehlt nur eine Stunde an den sieben Jahren, so ist alles umsonst, und deine Brüder werden von dem einen Wort getötet. Da sprach das Mädchen in seinem Herzen: Ich weiß gewiss, dass ich meine Brüder erlöse, und ging und suchte einen hohen Baum, setzte sich darauf und spann und sprach nicht und lachte nicht.

Ein König findet und heiratet sie.
Da ward die Hochzeit mit großer Pracht und Freude gefeiert; aber die Braut sprach nicht und lachte nicht.

Seine Mutter aber verleumdet die Schweigende und will, dass sie verbrannt wird.

Wenn sie stumm ist und nicht sprechen kann, so könnte sie doch einmal lachen, aber wer nicht lacht, der hat ein böses Gewissen.

Der König lässt sich davon überzeugen, dass die Königin Böses im Schilde führt, und verurteilt seine Frau zum Tode.

Und als sie schon an den Pfahl festgebunden war und das Feuer an ihren Kleidern mit roten Zungen leckte, da war eben der letzte Augenblick von den sieben Jahren verflossen. Da ließ sich in der Luft ein Geschwirr hören, und zwölf Raben kamen hergezogen und senkten sich nieder; und wie sie die Erde berührten, waren es ihre zwölf Brüder, die sie erlöst hatte. – Nun aber, da sie ihren Mund auftun und reden durfte, erzählte sie dem Könige, warum sie stumm gewesen sei und niemals gelacht habe.

Die böse Schwiegermutter wird hingerichtet.

Dieses Märchen war wie viele andere Gegenstand von Deutungen durch Psychologen. Beispielsweise sah Sigmund Freud im Schweigen ein Traumsymbol für den Tod.

(4) Johann Wolfgang von Goethe (1749-1832) – Faust (1797/1832)

Ein Missverständnis hält sich beharrlich: „Mephistos Lachen" tritt – jedenfalls in Goethes Text – nicht dadurch in Erscheinung, dass Mephisto selbst lacht, sondern dass er das Lachen bei anderen vermisst oder einfordert. Mag sein, dass zahlreiche Mephistos auf der Bühne auch selbst gelacht haben, der Text jedenfalls gibt es nicht her, nicht einmal als ausdrückliche Regieanweisung.

Annette Graczyk ist der Auffassung, dass wird Goethes Faust (I und II zusammen) von zwei Lachszenen förmlich eingerahmt wird:

„Am Ende von Faust II will Mephisto einen Engel nicht zum Lachen, aber doch zum Lächeln bewegen. Natürlich vergeblich. Denn Mephisto versucht, den Engel zu fleischlicher und dazu noch zu homoerotischer Liebe zu verführen. Hätte der Engel gelächelt, hätte er sich ganz in dieses ‚teuflische' Programm einspannen lassen. Das Lächeln hätte bereits den Sieg Mephistos signalisiert. ... Faust II schließt im Grundsätzlichen so ab, wie Faust I begonnen hatte: mit der Entgegensetzung des teuflischen Lachens und der göttlichen Würde. ... Beide Belegstellen zum Lachen bilden den Rahmen des gesamten Faust und damit auch der göttlichen Grundordnung, ...
(Graczyk, S. 104)

(Fußnote Graczyk mit weiteren Nachweisen: Es ist daher entscheidend, Mephistos Lachen im Rahmen dieses grundsätzlichen theologischen und anthropologischen Spannungsgefüges zu sehen und damit über jene Ansätze hinauszugehen, die seine komische

Funktion einseitig aus dem Theatralisch-Karnevalesken, wie der Hanswurstfigur, der Maskerade oder der Lustigen Person ableiten.)

Die beiden Szenen:

Faust. Der Tragödie Erster Teil (1797)
Prolog im Himmel, Mephistopheles:

Da du, o Herr, dich einmal wieder nahst
Und fragst wie alles sich bei uns befinde,
Und du mich sonst gewöhnlich gerne sahst;
So siehst du mich auch unter dem Gesinde.
Verzeih, ich kann nicht hohe Worte machen,
Und wenn mich auch der ganze Kreis verhöhnt;
Mein Pathos brächte dich gewiss zum Lachen,
Hättst du dir nicht das Lachen abgewöhnt.
Verse 271-278

„Mephisto definiert sich im Gegensatz zum „Herrn" und in seiner Verneinung zu der von Gott geschaffenen Welt. Wenn er Gott vorhält, dass dieser nicht lache, begreift er sich dazu im Gegensatz als derjenige, der über die Welt und die Menschen lacht. Sein Lachen ist aber ein besonderes Lachen: das teuflische Lachen der Verneinung." (Graczyk, S. 101 f.)

Faust. Der Tragödie Zweiter Teil (1832)
Fünfter Akt: Palast – Grablegung
Mephistopheles (spricht zu den Engeln):

Ihr scheltet uns verdammte Geister
Und seid die wahren Hexenmeister;
Denn ihr verführet Mann und Weib.–
Welch ein verfluchtes Abenteuer!
Ist dies das Liebeselement?
Der ganze Körper steht in Feuer,
Ich fühle kaum, dass es im Nacken brennt....

Ihr schwanket hin und her, so senkt euch nieder,
Ein bißchen weltlicher bewegt die holden Glieder;
Fürwahr, der Ernst steht euch recht schön;
Doch möcht' ich euch nur einmal lächeln sehn!
Das wäre mir ein ewiges Entzücken.
Ich meine so, wie wenn Verliebte blicken:
Ein kleiner Zug am Mund, so ist's getan.
Dich, langer Bursche, dich mag ich am liebsten leiden,
Die Pfaffenmiene will dich gar nicht kleiden,
So sieh mich doch ein wenig lüstern an!
Auch könntet ihr anständig-nackter gehen,
Das lange Faltenhemd ist übersittlich -
Sie wenden sich – von hinten anzusehen!–
Die Racker sind doch gar zu appetitlich!
Verse 11780 – 11800

(5) Lautréamont (1846-1870) – Die Gesänge des Maldodor (1869)

Isidor-Lucien Ducasse ist in der Welt der Literatur ein krasser Außenseiter. Er hat sein einziges Buch *Die Gesänge des Maldodor* unter dem Namen Lautréamont veröffentlicht. Im Alter von 24 Jahren ist er unter Umständen gestorben, die nach wie vor ungeklärt sind.

Lautréamonts Außenseiterposition wird von Hans H. Henschen plausibel beschrieben: „... Dieser radikale Antrieb bewirkte die infernalische Grausamkeit der Bilderwelt dieser Gesänge. Ihr Held ist Maldodor; sein Name lässt verschiedene Deutungen zu: ,die aufgehende Sonne des Bösen' (l'aurore du mal) oder ,der Vergolder des Bösen' ... Dieses sprechende, personale Ich der Gesänge, das sich hinter unzähligen, vielfältigen Gestalten und Masken verbirgt, ist die Verkörperung des absolut ,Bösen', negatives Gegenprinzip des ,Schöpfers', ... Herrscher über eine lemurenhaft-nächtliche Szenerie, in der Bilder aus dem animalischen Bereich vorherrschen,..."
(Hans H. Henschen KNLL Band 10 S. 53 f.)

152

Lautréamont beschreibt seine Absichten selbst wie folgt:

Zweiter Gesang (Vierter Abschnitt)

Meine Dichtkunst wird nur darin bestehen, den Menschen, dieses Raubtier, mit allen Mitteln anzugreifen und mit ihm den Schöpfer, der ein solches Ungeziefer nicht hätte erzeugen sollen.

Erster Gesang (Fünfter Abschnitt)

Mein ganzes Leben lang sah ich die Menschen mit engen Schultern, ohne eine einzige Ausnahme, stupide und zahlreiche Taten vollbringen, ... Das Motiv ihrer Handlungen nennen sie: Ruhm. Bei solchem Anblick wollte ich lachen wie die anderen; aber das, seltsame Nachahmung, war unmöglich. Ich nahm ein Federmesser mit scharf geschliffener Klinge, und dort, wo die Lippen sich vereinigen, durchschnitt ich das Fleisch. ... Das Blut, das reichlich aus beiden Wunden floss, hinderte mich übrigens zu erkennen, ob dies wirklich das Lachen der anderen sei. Aber nach kurzen Vergleichen sah ich genau, dass mein Lachen dem der Menschen nicht glich, das heißt, ich lachte nicht.

Vierter Gesang (Zweiter Abschnitt)

O! der wahnwitzige Philosoph, der in Gelächter ausbrach, als er einen Esel eine Feige fressen sah. ... Ich aber, ich kann nicht lachen. Ich habe nie lachen können, obwohl ich es mehrmals versucht habe. Es ist sehr schwer, lachen zu lernen. Oder ich glaube vielmehr, dass ein Gefühl von Ekel für diese Ungeheuerlichkeit ein wesentliches Merkmal meines Charakters ist. Nun, ich war Zeuge von etwas Ärgerem: ich sah eine Feige, die einen Esel fraß! Und doch habe ich nicht gelacht; offen gestanden, keine Stelle meiner Lippen hat sich bewegt.

(6) Wilhelm Raabe (1831-1910) – Frau Salome (1875)

Die Erzählung *Frau Salome* ist 1875 entstanden und wurde von Raabe 1879 mit einigen weiteren zu den *Krähenfelder Geschichten* zusammengefasst.

Es geht um ein dramatisches Ereignis, in dessen Mittelpunkt zwei von drei guten Freunden stehen, die sich seit der Kindheit kennen, nämlich der ehemalige Justizrat Scholten und der verwitwete Bildhauer Querian. Querian hat eine 13jährige Tochter namens Eilike, deren Pate Scholten ist. Querian ist merkwürdig geworden, viele, auch Scholten, halten ihn für geistig umnachtet. Seine Tochter muss ihm hin und wieder nackt Modell stehen. Pate Scholten sieht das mit Sorge.

Eilike bewundert Frau Salome von Veitor und sucht Zuflucht bei ihr. Frau Veitor und Scholten wollen Eilike zu ihrem Vater zurück bringen. Querian wirkt unsicher. Widerstrebend lässt er die Ankömmlinge ein monumentales Werk, an dem er fünfzig Jahre gearbeitet hat, sehen.

11. Kapitel (Scholten, Frau Veitor, Querian)

Jetzt mach weiter keine Umstände, Querian, sondern mach Platz und uns die Honneurs deines Ateliers. Vorgestern habe ich an unsern Freund nach Pilsum geschrieben und ihn sehr herzlich von dir gegrüßt.

Jaja – ei freilich, freilich! Große Ehre – ich danke dir, Scholten. Es ist heute noch kälter als gestern. Treten Sie doch gefälligst ein, aber lachen Sie nicht – o bitte, lachen Sie nicht!

Er sagte das alles ganz schlaff hin, mit der müdesten Gleichgültigkeit in Ton und Gestus.

(Und dann noch einmal:)

Wollen die Herrschaften es mir fest versprechen, nicht zu lachen? fragte er schläfrig. Ich möchte sehr bitten, nicht zu lachen!

Und die Frau Salome raunte dem Justizrat zu: Bei allem, was einen an den Nerven zerren kann, ich fange auch an, es kalt zu finden! Und dabei wird man noch gefragt, ob man Lust habe zu lachen.

(Querian zeigt der Besuchergruppe sein letztes Werk, eine Ton-
gruppe, die einen nackten Giganten mit einem toten Kind im Arm
darstellt.)

*Mit dem Tone eines Cicerone in einer öffentlichen Kunstsammlung
sagte der Meister des Werkes: Das ist mein Kind, gnädigste Frau. Ich
habe fünfzig Jahre gearbeitet, ein Lebendiges zu schaffen; es stirbt mir aber
immer in den Armen; ich möchte wohl einmal die Sachverständigen fragen.*

Da lachte Scholten doch.

12. Kapitel

*Justizrat Scholten lachte gegen sein Versprechen, und was nachher in
den Zeitungsblättern über das Nachfolgende zu lesen gewesen ist, gab nur
eine matte Relation der hereinbrechenden schrecklichen Ereignisse.*

(Querian zündet das Atelier an. Der Brand breitet sich aus. Die
Männer, die im Wald und auf den Feldern an der Arbeit sind, eilen
nachhause.)

*Ach ja, ich habe es wohl gefürchtet, dass Sie doch wieder lachen würden,
sagte Querian mit einem Gesichte wie ein Kind, das nach einer verbotenen
Frucht griff und einen Verweis erhielt. ... Nun, nun, die Herrschaften
haben recht, und wir wollen es fortschaffen; der Eilike gefiel es auch nicht;
aber es wäre mir freilich lieb gewesen, wenn die Herrschaften nicht gelacht
hätten.*

(Das Feuer springt auf Nachbarhäuser über, letztlich liegen zwei
Drittel des Dorfes in Schutt und Asche. Querian kommt in den
Flammen um.)

Die Angst, ausgelacht zu werden, die im Werk Wilhelm Raabes
wiederholt als Motiv erkennbar wird, resultiert bei ihm aus Erlebnissen in seiner Kindheit und Jugend. Er musste am Gymnasium
mehrere Rückschläge hinnehmen. Daraus ist bei ihm das Trauma

vom verlachten Versager entstanden. Verlachtwerden, sogar nur eingebildetes, löst letztlich die Brandkatastrophe, aus. (Joseph, S. 151)

(7) Thomas Bernhard (1931-1989) –
Der Stimmenimitator (1978) – 'Ein eigenwilliger Autor'

Thomas Bernhard hat 1978 unter der Überschrift *Der Stimmenimitator* eine Sammlung von 104 kurzen Prosastücken veröffentlicht. Nach dem Titel eines derselben ist die Sammlung benannt. Gemeinsames Merkmal fast aller Stücke ist es, dass die kurze und in knappem Stil geschriebene Schilderung der Ereignisse auf einen Todesfall hinausläuft, sei es durch eigene, sei es durch fremde Hand.

Ein Autor, der nur ein einziges Theaterstück geschrieben hat, das nur ein einziges Mal ... aufgeführt werden durfte, hatte sich schon bevor der Vorhang zur Premiere aufgegangen war, auf dem dafür am besten geeigneten, aber vom Publikum überhaupt nicht einsehbaren Platz auf der Galerie postiert und sein eigens für dessen Zweck von der Schweizer Firma Vetterli konstruiertes Maschinengewehr in Anschlag gebracht und nachdem der Vorhang aufgegangen war, immer jenem Zuschauer einen tödlichen Schuss in den Kopf gejagt, welcher seiner Meinung nach, an der falschen Stelle gelacht hat.

In Raabes Frau Salome wurde einer Bitte, nicht zu lachen, wird entsprochen. Hier ignorieren die Theaterbesucher zwar nicht eine ausdrückliche Bitte, verhalten sich aber nicht gemäß den Erwartungen des Autors, nicht „an der falschen Stelle" zu lachen.

4 Lachen in Gemeinschaft und alleine

Bei einer weiteren Unterscheidung geht es nicht um verschiedene Arten des Lachens, sondern um die Zahl der Beteiligten, konkret darum, ob in Gemeinschaft oder alleine gelacht wird.

Wertet man aus, welche Lacharten eher bei gemeinschaftlichem Lachen und welche eher beim „einsamen" Lacher zu beobachten sind, dann ist das Ergebnis verblüffend deutlich:

- Gemeinschaftlich gelacht wird in den meisten der Beispielsfälle aus der Rubrik „positiv/schallend":

    - Homer – Odyssee und Ilias [2.2.1 (1) + 2.4.4 (1)]

    - Giovanni Boccaccio – Das Dekameron [2.2.1 (2)]

    - William Shakespeare – Was Ihr wollt [2.2.1. (3)]

    - Günter Grass – Der Butt [2.2.1 (7)]

  und anderen.

  Das stimmt überein mit dem Ergebnis einschlägiger Studien: „Robert Provine von der University of Maryland zufolge lachen Menschen in Gesellschaft anderer dreißig Mal häufiger, als wenn sie allein sind. Wenn sich Menschen in Bindungssituationen befinden, lachen sie viel und oft." (Brooks, S. 75; Goebel, S. 86 ff.)

- Andere Lacharten können praktisch nur bei „Einzellachern" beobachtet werden, z. B. Fälle des Verzweiflungslachens (2.5.1)

    - Friedrich Schiller – Der Verbrecher aus verlorener Ehre [2.5.1 (2)]

- Ludwig Tieck – William Lovell [2.5.1 (3)]

- Georg Büchner – Lenz [2.5.1 (4)]

- Gustave Flaubert – Madame Bovary [2.5.1 (5)]

- Elias Canetti – Die Blendung [2.5.1 (6)]

- Christoph Ransmayr – Die letzte Welt [2.5.1 (9)]

- Und schließlich gibt es noch eine dritte Möglichkeit, die hier „interaktives Lachen" genannt werden soll: Damit ist jenes Lachen gemeint, das zwei Personen bewusst aufeinander beziehen. Es ist grundverschieden von jenem Gemeinschaftslachen über einen Witz am Stammtisch. Es ist das Lachen, das gleichsam vom Adressaten aufgenommen und ihm durch ein Lachen zurückgegeben wird.

Das ist auffallend oft bei „2.2.2 Positives Lachen, verhalten" festzustellen:

- E.T.A. Hoffmann – Geschichte vom König Ophioch und der Königin Liris [2.2.2 (2)]

- Gottfried Keller – Das verlorene Lachen [2.2.2 (4)]

- Émile Zola – Die Sünde des Abbé Mouret [2.2.2 (5)]

- Gotthold Ephraim Lessing – Minna von Barnhelm [2.2.3 (1)]

- Friedrich Maximilian Klinger – Die Zwillinge [2.2.3 (2)]

5 Entwicklungen, Ergebnisse

5.1 Rückgang des Stellenwerts des Lachens in der Literatur

In den Abschnitten 2 und 3 wurde dargestellt, wie das Lachen in seinen verschiedenen Varianten in der Literatur dargestellt wurde. Hier sind Veränderungen festzustellen:

- Oft wurde das Lachen mit schriftstellerischer Hingabe im Einzelnen geschildert und förmlich ausgemalt: Thomas Mann beschreibt in *Tristan* virtuos das Lachen eines Kleinkindes. In der Straßensängerszene in *Tod in Venedig* wird ausführlich ein Auftritt einer Gruppe geschildert, der zu einem guten Teil aus Lachen besteht. Die besondere Art des Lachens der Frau Verdurin lernen wir in Marcel Prousts Schilderung in *Swanns Welt* kennen. Ausführlich, ausdrucksstark und mit Hingabe schildert uns Hermann Broch in Der *Tod des Vergil* das Lachen der drei Betrunkenen. Derartiges ist selten geworden.

- Ähnlich verhält es sich mit der Intensität des Lachens. Im späten Mittelalter und zu Beginn der Neuzeit muteten die Lachenden ihrem Körper hohe Risiken zu: In Boccaccios *Dekameron* „tun vor Lachen die Kinnladen weh", die sich bei Proust Frau Verdurin wahrhaftig einmal ausgerenkt hatte, bei Shakespeare erleben wir „Milzweh und Seitenstechen", beides vom Lachen verursacht. Sancho hat Angst, „vor Lachen zu bersten", Rimbauds Thimothina „zerspringt" nahezu wegen des Lachens. Solche Darstellungen sind praktisch ganz verschwunden.

5.2 Veränderungen bei einzelnen Lacharten

Verschiedene Themen, in deren Zusammenhang in früheren Zeiten gelacht wurde, stehen heute nicht mehr im Mittelpunkt des Interesses:

- In bestimmten Epochen suchte sich die bildende Kunst fast ausschließlich religiöse Motive. Auch in der Literatur wurden oft Themen behandelt, die um Gott und die Religion kreisten, beginnend bei Homer und dem Alten Testament, mit einem weiteren Höhepunkt im 18. Jahrhundert. Die entsprechenden Szenen im Alten Testament und bei Homer sind heiter und entspannt, später werden sie düster und bedrohlich, vor allem:

  - Friedrich Gottlieb Klopstock – Der Messias [2.4.1 (1)]

  - Salomon Geßner – Der Tod Abels [2.4.1 (2)].

  Derartiges ist in der modernen Literatur nicht mehr vorzufinden.

- Literatur, die der Verherrlichung Gottes diente, ist ganz verschwunden. Aktuelle Veröffentlichungen, die sich mit der Situation der etablierten Religionen befassen, sind überwiegend kritisch.

- Auch die Zeit, in der das Motiv des „Höllengelächters" geschätzt wurde, ist vorüber. Taucht es aktuell noch auf, macht es den Eindruck des Anachronistischen. Dasselbe gilt für das Hohngelächter, das lange Zeit ein probates Stilmittel war:

  - Friedrich Gottlieb Klopstock – Der Messias [2.4.1 (1)]

  - Karl Philipp Moritz – Anton Reiser [2.4.1 (3)]

  - Victor Hugo – Der lachende Mann [2.3.1 (1)],

  Es findet sich auch noch bei:

  - Thomas Mann – Doktor Faustus [2.6.2 (1)]

  - Hermann Broch – Der Tod des Vergil [2.4.3]

  Auch diese Tradition scheint sich nicht fortzusetzen.

- Aus vielen Werken ist Verzweiflungslachen bekannt. Oft sieht in diesen Fällen der Lachende dem Tod ins Auge, oft hat er selbst an einen anderen Hand angelegt. Die Vermutung liegt nahe, dass diese Verknüpfung eigentlich gegensätzlicher Elemente vom Autor für dramaturgisch besonders gelungen gehalten wird. Das ist sie nicht immer, manchmal wirkt sie eher peinlich.

  - Maturins Melmoth [2.4.2 (2)] schlägt angesichts der Leichen ein *lautes, unbändiges und lang anhaltendes Gelächter an, ... das häufig genug die einzig verständliche Sprache des Irrsinns und der Verzweiflung ist.*

  - Schillers Verbrecher aus verlorener Ehre [2.5.1 (2)] stammelt nach der Tat zunächst ‚Mörder‘, dann macht ihm *ein helles Gelächter endlich Luft.*

  - Cosimo in Tiecks Lovell [2.5.1 (3)] liegt im Sterben, *nennt den Namen Gottes mit bebenden Lippen* und schlägt *dann wieder ein helles Gelächter auf.*

  - Büchners Lenz [2.5.1 (4)] stürzte ... *halb wahnsinnig nieder,* dann musste er *laut lachen.*

  - Madame Bovary [2.5.1 (5)] *brach in Lachen aus, in ein furchtbares, wahnsinniges, verzweifeltes Lachen.*

  - Professor Kien (Die Blendung) [2.5.1 (6)] legt Feuer und lacht *so laut, wie er in seinem ganzen Leben nie gelacht hat.*

  - Cotta glaubt (in Die letzte Welt) [2.5.1 (9)]Ovid gefunden zu haben, er lässt ein *Gebrüll, ein Lachen, ein Schluchzen* hören.

- In vielen früheren Werken blieben Gründe und Auslöser für einen Lachverzicht unerklärt und wohl auch unerklärbar, so in *Tausendundeiner Nacht* [3.3.], in *Die zwölf Brüder* [3.3 (3)]. Dasselbe gilt für ein Lachen, mit dessen Hilfe ein positives Ergebnis bewirkt werden soll, ohne dass ein innerer Zusammenhang zwischen dem Lachen und dem angestrebten Ergebnis erkennnbar wäre, wie in Mörikes *Schöner Lau* [2.2.2 (3)].

Das Lachen oder Nichtlachen dürfte in diesen Fällen ein bewusst eingesetztes Gestaltungsmittel sein, der Sachverhalt soll auf den Leser, weil unaufgelöst und unauflösbar, mysteriös wirken. Gerade dann sollte Interpretation nicht hartnäckig angestrebt werden: Sie kann verbindlich nicht geleistet werden. Das muss kein Nachteil sein, auch in der Musik und der bildenden Kunst kann man mit der Unklarheit, „was es bedeuten soll", gut leben.

- Soziales Verhalten („wie gehen Menschen, Mann und Frau, Eltern mit ihren Kindern, Geschwister, Kollegen – miteinander um?") sind das Standardthema der erzählenden Literatur. Oft wurden dabei Lachszenen bewusst eingesetzt (*Minna von Barnhelm, Der lachende Mann*). Das Thema ist nach wie vor aktuell und wird es bleiben, auf konstruierte Lachszenen wird jetzt aber mehr und mehr verzichtet.

Als Ergebnis ist festzuhalten: Die Autoren haben sich in den letzten zwei Jahrtausenden sehr unterschiedlich mit dem Lachen beschäftigt. Nur von wenigen wurde das Lachen mit Freude an einer gelungenen und treffenden Beschreibung darstellt. Aktuell ist Derartiges vollends eine Seltenheit. – Gott verherrlichende Literatur gibt es heute praktisch nicht mehr. – Lachszenen, die einen mystischen oder spirituellen Hintergrund haben, sind in der aktuellen Literatur kaum mehr anzutreffen.

5.3 Ursachen

Wie bereits eingangs angedeutet: Es gibt zwei Verknüpfungen zwischen Literatur und Lachen, nämlich zum einen die Darstellung des Lachens im literarischen Werk, das ist der beherrschende Aspekt dieses Buches, zum andern aber auch das Auslösen von Lachen beim Leser eines Buches.

Welches die Voraussetzungen eines Buches sind, die Letzteres gewährleisten, ist ein gesondertes Thema. Oft wird das auf den einfachen Nenner gebracht, das Buch (oder eine Darbietung auf der Bühne oder im Film oder Fernsehen) müsse „komisch" sein. Dafür ist es nicht erforderlich, dass die handelnden Personen selbst lachen. Bekanntestes Beispiel ist wohl Buster Keaton, der „Mann, der niemals lachte". Darüber, ob die Darbietung ausreichend „komisch" ist, gehen die Auffassungen oft auseinander. [Vgl. 3.3 (7) (Thomas Bernhard – Der Stimmenimitator – Episode „Ein eigenwilliger Autor")].

Für beide Situationen haben sich die „Randbedingungen" fühlbar geändert:

5.3.1 Weniger Lachszenen

Die Veränderung in der Präsenz von Lachszenen in der Literatur wurde bereits oben 5.2 konstatiert. Über die Auslöser dieser Entwicklung kann nur spekuliert werden. Folgende Rahmenbedingungen kommen in erster Linie in Betracht:

5.3.1.1 Negative Grundstimmung, Kulturpessimismus

Als eine Ursache für die gewandelte Situation des Lachens kann eine „negative Grundstimmung" genannt werden, die nicht nur in der (anonymen) Gesellschaft, sondern bei einer großen Zahl unserer Zeitgenossen zu beobachten ist. Dafür ist der Begriff „Kulturpessimismus" gebräuchlich.

Gemeint ist, dass bestimmte Gegebenheiten als Vorboten eines (gesellschaftlichen) Niedergangs gedeutet werden. Das ist Teil einer Theorie, die davon ausgeht, dass es für Institutionen, Staaten und Kulturen einen natürlichen Prozess des Werdens und Vergehens gibt. Als ein Markstein wird aus neuerer Zeit Oswald Spenglers *Der Untergang des Abendlandes* angesehen. Wer dieser Theorie folgt, wird in negativen Entwicklungen oft Anzeichen für einen bevorstehenden Untergang sehen.

Fritz Stern beschreibt in *Kulturpessimismus als politische Gefahr* die Situation in Deutschland zur Zeit der Wende vom 19. zum 20. Jahrhundert:

„Der Einfluss des Kommerzialismus wurde bedrückend; die Beschuldigungen, dass die Künste und die Erziehung im Niedergang begriffen seien, waren keineswegs völlig aus der Luft gegriffen. – Noch unbestimmter als die Furcht vor dem kulturellen Untergang war das Unbehagen über die politische Zukunft Deutschlands." Viele Deutsche seien „von unbestimmten Vorahnungen einer Katastrophe erfüllt" gewesen. (Stern, S. 20 f.)

Ein Zitat einer Äußerung des Wirtschaftssenators des Bundesverbandes mittelständische Wirtschaft Michael Müller aus dem Jahr 2005 mag das illustrieren: „Wir müssen in Deutschland endlich ein entspannteres Verhältnis zu Technik, Fortschritt, Wissenschaft und Entdeckertum bekommen. [...] Unsere Stichwortgeber sind vor allen Dingen Intellektuelle, die vor dem ökonomischen Totalitarismus warnen, Schreckgespenster der Globalisierung entwerfen und sich in einem düsteren Kulturpessimismus ergehen." [Notiz von www.zdnet.de vom 1. August 2005]

5.3.1.2 Indiz: Katastrophenjournalismus

Die Medien müssen sich mehr und mehr den Vorwurf des „Katastrophenjournalismus" gefallen lassen. Kommunikationsforscher schätzen die Situation wie folgt ein: *Je negativer ein Ereignis, je mehr es auf Konflikt, Kontroverse, Aggression, Zerstörung oder Tod bezogen ist, desto stärker wird es von den Medien beachtet.*

Die Nutzer sind davon nicht unbedingt begeistert. In einer Forsa-Umfrage von RTL aktuell (31.8./1.9.2015, 1002 Befragte) haben 45 Prozent geäußert, die Fernsehnachrichten seien zu problembeladen, 34 Prozent meinten, sie wären an Nachrichtensendungen stärker interessiert, wenn es dort mehr positive Berichte gäbe.

Für die Medien selbst ist wichtig: *Katastrophen sind bis heute Momente oder Zeiten des erhöhten Informationsbedürfnisses, des Nachrichtenhungers – und sie sind damit auch Zeitpunkte der möglichen Auflagensteigerung, der Sonderausgaben, der Einschaltquotenrekorde.*

Auch der Faktor „Katastrophenjournalismus" wirkt an der Entstehung einer düsteren Grundstimmung, die für das Lachen nicht förderlich ist mit. (Behmer, aaO)

5.3.1.3 Indiz: Begründungen für Literaturauszeichnungen

Kulturpessimismus und Katastrophenjournalismus haben Auswirkungen auf die Arbeit der Schriftsteller. Das lässt sich recht gut belegen, wenn man auswertet, welche Art von schriftstellerischen Arbeitsergebnissen derzeit gute Aussicht auf eine Auszeichnung haben.

Es hat den Anschein, dass der Schwerpunkt der Begründungen mehr und mehr nicht mehr auf dem Schreibenkönnen liegt, sondern auf der Thematik. Widmet sich der Autor aktuellen negativen Entwicklungen, in der Regel auf politischem Gebiet, Krisen und Kriegen, werden seine Auszeichnungsaussichten eher positiv beeinflusst.

Die Verleihungsbestimmungen des Nobelpreises für Literatur lassen viel Spielraum. Vor jeder Verleihung des Literaturnobelpreises wird lebhaft diskutiert, welche Kriterien für oder gegen die in der Szene als aussichtsreich gehandelten Kandidaten sprechen, danach wird eine ähnliche Rückschau gehalten.

„Ob es um gesellschaftliche Schichten, Minderheiten, Kulturen, Machtkämpfe, Geschichtsbilder und historisches Unrecht geht – bei drei von vier Preisverleihungen wird die Literatur als moralische Instanz im Streit um Gerechtigkeit gepriesen." (Kaube, aaO) Einigkeit besteht darüber, dass „der Literaturnobelpreis ... mitnichten immer für besondere Sprachkunst verliehen" wird. (Göttert, aaO)

„Außerliterarische" Kriterien können (offenbar) mit entscheidend sein. Das kann sich auch auf die Wahl des Gegenstandes, verbunden mit einer bestimmten pessimistischen, düsteren Grundstimmung, beziehen. Auf den Stellenwert des Letzteren lassen die Verleihungsbegründungen der letzten Jahre gewisse Rückschlüsse zu: Noch in der ersten Hälfte des 20. Jahrhunderts war in den Verleihungsbegründungen zum Beispiel folgendes zu lesen:

- 1908 für Rudolf Eucken: ... *auf Grund des ernsten Suchens nach Wahrheit, der durchdringenden Gedankenkraft und des Weitblicks, der Wärme und Kraft der Darstellung, womit er in zahlreichen Arbeiten eine ideale Weltanschauung vertreten und entwickelt hat ...*

- 1912 Gerhart Hauptmann: ... *für sein fruchtbares und vielseitiges Wirken im Bereich der dramatischen Dichtung ...*

- 1946 Hermann Hesse: ... *für sein durch Versenkung getragenes Werk, das sich immer kühner und eindringlicher entwickelte und die Ideale des klassischen Humanismus ebenso wie eine hohe Kunst des Stils offenbart ...*

In unserem Jahrzehnt haben die Begründungen oft einen deutlich anderen Klang:

- 2010 Mario Vargas Llosa: ... *für seine Kartographie der Machtstrukturen und scharfkantigen Bilder individuellen Widerstands, des Aufruhrs und der Niederlage ...*

- 2014 Patrick Modiano: ... *für die Kunst der Erinnerung, mit der er die unbegreiflichsten menschlichen Schicksale wachgerufen und die Lebenswelt der Besatzungszeit durchschaubar gemacht hat ...*

- 2015 Swetlana Alexijewitsch: ... *für ihr vielstimmiges Werk, das dem Leiden und Mut in unserer Zeit ein Denkmal setzt ...*

Swetlana Alexijewitsch wird auch in der Presse gelobt: *Sie braucht wenige Worte, um großes Grauen zu beschreiben. Sie erzählt uns von*

SS-Soldaten, die vor der Erschießung Bonbons in die Grube warfen, in der
sie dann jüdische Kinder lebendig begruben. Oder von einem verstrahlten
Mann, dem nach der Reaktorkatastrophe von Tschernobyl die Innereien
aus dem Mund quellen. (Carmen Eller in ZEIT ONLINE 08.10.2015)

Aufruhr, unbegreiflichste menschliche Schicksale, Leiden, Grauen,
das sind in den Begründungen die Vokabeln, die voraussichtlich
auch für die nächsten Jahre die Maßstäbe setzen. Milan Kundera
schreibt an der oben zitierten Stelle: "Die europäische Geschichte des
Lachens geht zu Ende."Das klingt pointiert, trifft aber zu, jedenfalls
in der erzählenden Literatur.

5.3.2 Veränderungen in der 'Medienlandschaft'

Lachen ist offenbar nicht nur eine der Fähigkeiten und Artikulati-
onsmöglichkeiten des Menschen, es entspricht auch einem seiner
Grundbedürfnisse. Wie dieses Grundbedürfnis gedeckt werden
kann, hängt von verschiedenen Faktoren ab, u. a. auch von der
Entwicklung der Technik.

5.3.2.1 Vorgeschichte

Schriftsteller aller Zeiten haben versucht, den Besuchern ihrer Komödien Anlass zum Lachen zu bieten. Deren Historie geht bis auf
das 6. Jahrhundert v. Chr. und die Komödien des Aristophanes zurück. Bis zur Erfindung des Buchdrucks waren schriftliche Quellen
allerdings teuer und haben deshalb nur eine geringe Rolle gespielt.
Unterhaltung fand im Wesentlichen „live" statt, also Vorträge der
Sangspruchdichter und der Meistersinger, wohl auch durch Gaukler
wie den Schalk Till Eulenspiegel oder in gehobenen Kreisen durch
die Hofnarren wie den Zwerg Perkeo in Heidelberg, letztlich auch
durch fahrendes Volk als Schauspieler.

Das hat sich mit der Erfindung des Buchdrucks geändert: Bücher,
die nicht nur der Bildung, sondern auch dem Amusement dienen
sollten, fanden guten Absatz. Vieles hat sich nur auf dem Niveau

schlichter Witzsammlungen bewegt, manches hatte aber durchaus literarischen Rang. Aber auch nach der Erfindung des Buchdrucks ging die Verbreitung von Werken der Literatur nur schleppend voran, weil Lesenkönnen nicht selbstverständlich war.

Um 1900 ist der Film dazugekommen. Lachen verursachende Aktivitäten wurden reproduzierbar und konnten an vielen Orten gleichzeitig vorgeführt werden: Stan Laurel und Oliver Hardy, Charlie Chaplin, Buster Keaton und Heinz Erhardt hatten viele Jahre lang ihr Kinopublikum.

Diese Entwicklung hat nicht nur die Förderer des Lachens beschäftigt, sie wurde auch, was nahe liegt, von Philosophen und Soziologen beobachtet und kommentiert. Theodor W. Adorno und Max Horkheimer haben sich in der 1939 bis 1944, also schon ein paar Jahre vor dem Marktdurchbruch des Fernsehens, während ihres Exils in den USA entstandenen Essaysammlung *Dialektik der Aufklärung – Philosophische Fragmente* u. a. mit der *Kulturindustrie*, insbesondere mit der *Vergnügungsindustrie* befasst:

Das Kollektiv der Lacher parodiert die Menschheit. Sie sind Monaden, deren jede dem Genuss sich hingibt, auf Kosten jeglicher anderen, und mit der Majorität im Rückhalt, zu allem entschlossen zu sein. In solcher Harmonie bieten sie das Zerrbild der Solidarität. Das Teuflische des falschen Lachens liegt eben darin, dass es selbst das Beste, Versöhnung, zwingend parodiert. (Adorno (a), S. 163)

Die genannten Darbietungen haben aber alle eine Eigenschaft: Der Lachwillige muss sich mit Gedrucktem begnügen oder sich zum Ort des Lachens begeben, ins Kino oder zu einer anderen Veranstaltung. Das sollte sich bald ändern.

Von ähnlich nachhaltiger Wirkung wie die Erfindung des Buchdrucks war nämlich die der Etablierung der audiovisuellen Technik. Sie verlief rasant: Noch 1952 gab es in Deutschland nur 300 Fernsehgeräte zuzüglich 60 in der damaligen DDR, das steigerte sich in fünf Jahren auf 1 Million. Danach wurde das Angebot durch eine Vielzahl weiterer öffentlich-rechtlicher und neuer privater Anbieter weiter ausgebaut. Auch Kinofilme werden von den TV-Anbietern in ihr Programm übernommen.

1996 hat der SPIEGEL unter dem Titel „Das Lachen macht's" die Situation des Lachens beleuchtet: „Der Marktanteil einheimischer Lachnummern wächst. – Mit glattgeschmirgelten Lustspielen leisten die Spaß-Rebellen derzeit vor allem Basisarbeit am Zwerchfell der Deutschen – ... Ohne alle kulturkritischen Bedenken verhelfen sie dem gebeutelten deutschen Unter- und Mittelstand zur Ablenkung: zu jenem Lachen, das ein paar Stunden lang die Angst vertreibt, .." (DER SPIEGEL Heft 38/1996, S. 214-230).

Ende der Neunzigerjahre des 20. Jahrhunderts wurde der Begriff „Spaßgesellschaft" geprägt. Diese wurde in der neuen Zürcher Zeitung wie folgt beschrieben: „Ende des 20. Jahrhunderts hat die Spasskultur Eingang in die Medien- und Alltagswelt gefunden und beeinflusst seither die Selbst- und Weltwahrnehmung. Modedrogen sind darin ebenso eingeschlossen wie die Love und Street Parade, Markenkleider ebenso wie spezielle TV-Formate, in denen sinnfreies Lachen Trumpf ist und Ironie zum Mittel der Verständigung avanciert." (Kleiner, aaO)

In den letzten Jahren wurde das technische Angebot durch „Mediatheken" der einzelnen TV-Anbieter und Steaming-Dienste weiter ausgebaut.

5.3.2.2 Deckung des 'Lachbedarfs'

Lachen ist seiner Natur nach ein Gemeinschaftserlebnis, Menschen in Gesellschaft anderer lachen dreißig Mal häufiger als wenn sie allein sind (vgl. oben 4 mit Zitat Brooks). Die ideale Form für die Verwirklichung einer Erlebnisgemeinschaft ist die Großgruppe. Diese Erkenntnis ist nicht neu: Bald nach Beginn des Fernsehzeitalters

war es nicht ungewöhnlich, dass diejenigen, die bereits ein Fernsehgerät besaßen, Nachbarn und Bekannte zum gemeinsamen Erleben
z. B. von „Mainz wie es singt und lacht" (erstmals 17. Februar 1955
Südwestfunk) einzuladen.

Lachen hingegen, das durch die Lektüre eines Buches ausgelöst
wird, ist meist das Erlebnis eines Einzelnen. Dass das Lachen eines alleine Lesenden eine besondere Situation ist, empfindet man
beispielsweise im Zug anlässlich des Schmunzelns – seltener: des
Lachens – eines lesenden Mitreisenden.

Die Möglichkeit, 'in Gesellschaft anderer' zu lachen, hat sich aus
der Sicht der Soziologen verbessert: Gerhard Schulze, der geistige
Vater des Begriffs „Erlebnisgesellschaft" und Autor des so betitelten Buchs, diagnostiziert in der Gesellschaft eine zunehmende
Individualisierung: Der Einzelne lebt nicht mehr in den starren
Gewohnheiten einer bestimmten Schicht oder eines bestimmten
„Milieus", sondern kann sich je nach seinen Vorlieben in jedem Einzelfall neu entscheiden, welcher ad-hoc-Gruppe er sich anschließen
möchte. Mit „regional diffusen sozialen Milieus und Szenen" kann
der Einzelne aufgrund seiner eigenen Entscheidung dadurch in
Berührung kommen, dass er die Verbindung selbst mit herzustellen
hilft. (Schulze, S. 76)

Das bedeutet: Jedem, der in der Großgruppe lachen möchte, ist
es – ohne Rücksicht auf mögliche Auffassungen anderer – überlassen, entsprechende Veranstaltungen aufzusuchen, und zwar ohne
das Risiko, gesellschaftlich auffällig zu werden. „Wir registrieren
Konformitätsbereitschaft ohne Zwang und Sanktionen."

Das wirkt sich auch auf den Besuch von Veranstaltungen aus: „Es
dominiert eine indirekte Form der Gemeinsamkeit, die lediglich
durch gleichgerichtete Aufmerksamkeit auf ein simultan konsumiertes Angebot begründet wird. Der andere gerät aus dem Blickfeld.
Seine Anwesenheit ist wohl erwünscht, in vielen Fällen aber auch
bereits ausreichend. Das Gegenüber wird zum Nebenan; man beschäftigt sich nicht miteinander, sondern parallel." (Schulze, aaO)

Es geht aber nicht nur um das Lachen: Beim jährlichen Festival „Wacken Open Air" (W:O:A) treffen sich Menschen aller Altersklassen und wirtschaftlicher Verhältnisse, auch unterschiedlichen Bildungsniveaus. Die Veranstaltung ist die gemeinsame „Klammer". Seit ca. 2006 trifft man sich in Deutschland zu Fußballübertragungen nicht mehr nur in kleinen Gruppen, sondern nimmt zahlenstark am 'public viewing' teil. (Als deutsche Bezeichnung ist laut Duden übrigens auch „Rudelgucken" erlaubt.) (Ufer, S. 76)

Ähnlich sieht es mit Lachereignissen aus: Es gibt ein überreiches Angebot an Auftritten von Comedians, mit denen Säle, Hallen, sogar Stadien gefüllt werden können. Bülent Ceylan ist im Juni 2012 in der Frankfurter Commerzbank-Arena vor 42.000 Zuschauern aufgetreten. Aber nicht nur an Ort und Stelle wird gelacht, Millionen lachen zuhause am Fernsehgerät mit. Es scheint so zu sein, dass für angestrebte Lacherlebnisse Veranstaltungen in Hallen und Arenen, ergänzt durch die virtuell ebenfalls teilnehmenden Millionen an den Fernsehgeräten, am besten geeignet sind.

Die gedankliche Verknüpfung zwischen „Großgruppe" und „Lachen" hat übrigens auch den umgekehrten Effekt zur Folge: Sobald eine Großgruppe entstanden ist, wird von den Teilnehmern offenbar eine Art Lachverpflichtung empfunden: Es kann beobachtet werden, dass auch Quizsendungen – nach ihrer Grundidee sollen in einem bestimmten Reglement Fragen beantwortet und dann ein Sieger ermittelt werden – je nach entsprechender Förderung durch den Moderator zu reinen Lachorgien ausarten können (Beispiel: „Quizduell").

5.4 Fazit

Lachen in der Literatur: Einige Lacharten sind weniger präsent als früher, Exzessivlachen wie im Dekameron gibt es nicht mehr. Für die Darstellung eines positiven Lachens ist die Grundstimmung der Gesellschaft nicht förderlich. Begründungen der Verleihung von

Literaturpreisen bestätigen diesen Befund.

Lachbücher: Lachen ist idealiter ein Gemeinschaftserlebnis. Bücher, die den Leser 'zum Lachen bringen' wollen, hatten ein Publikum, so lange die Herstellung eines gemeinsamen Lacherlebnisses schwierig war. Das hat sich aus Gründen der technischen Entwicklung und einer Individualisierung der Gesellschaft geändert. Das Lachbuch hat keine Leser mehr. Dieses Fazit hat mit der generellen 'Zukunft des Buchs' nichts zu tun. Totgesagte leben länger.

Literaturverzeichnis

Fünf Aufsatzsammlungen, die die Thematik zusammen sehr gut erschließen, sind **fett** *gedruckt.*

Adams, William Howard: Prousts Figuren und ihre Vorbilder, Frankfurt a.M. 1988

Adorno (a), Theodor W. / Horkheimer, Max: Kulturindustrie. Aufklärung als Massenbetrug; in: Gesammelte Schriften, Band 3: Dialektik der Aufklärung, Frankfurt a.M. 1997, S. 141-191

Adorno (b), Theodor W.: Aufzeichnungen zu Kafka; in: Gesammelte Schriften, Band 10.1: Kulturkritik und Gesellschaft I, Frankfurt a.M. 1997, S. 254-287

Adorno (c), Theodor W.: Ist die Kunst heiter?; in: Gesammelte Schriften, Band 11: Noten zur Literatur, Frankfurt a.M. 1997, S. 599-606

Arendt, Hannah: Martin Heidegger ist achtzig Jahre alt; in: Menschen in finsteren Zeiten, München 2012, S. 181-194

Aristoteles: Rhetorik, Stuttgart 1999

Baasner, Frank: Lächerliches und Gelächter im Roman des siglo de oro; in: Fietz, Lothar u. a. [Hrsg.], Semiotik [siehe dort], S. 168-188

Baudelaire, Charles: Vom Wesen des Lachens und von dem Komischen in der Kunst im allgemeinen; Erlenbach-Zürich 1922

Behmer, Markus: "Wir wissen nicht was es ist, aber es ist ungefährlich". Nachrichten über Katastrophen; Vortrag, gehalten am 30. Mai 2011 in Bamberg

Beise, Arnd / Martin, Ariane / Roth, Udo [Hrsg.]: LachArten, Zur ästhetischen Repräsentation des Lachens, Kulturen des Komischen, Band 1, Bielefeld 2003

Benedict, Hans Jürgen: Dummer, einfältiger Mond, bitteres Lachen und Atheismus; Eine Anmerkung zu Büchners Satz im Lenzfragment: „Da griff der Atheismus in ihn"; in: Tà katoptrizómena, Heft 81, 2013

Benjamin, Walter: Franz Kafka, Zur zehnten Wiederkehr seines Todestages;in: Glanz & Elend, 2013

Berger-Vogel, Alexandra: Spanische Bezüge bei E.T.A. Hoffmann; Cervantes' Coloquio de los perros und die Nachricht von den neuesten Schicksalen des Hundes Berganza;; Diplomarbeit Universität Wien 1999

Bergson, Henri: Das Lachen. Ein Essay über die Bedeutung des Komischen; Frankfurt a.M. 1988

Bernhardt, Oliver: Alfred Döblin und Thomas Mann: Eine wechselvolle literarische Beziehung; Würzburg 2007

Blanchot, Maurice: Der Tod des Vergil; in: Der Gesang der Sirenen. Essays zur modernen Literatur, Frankfurt a.M. 1982

Blumenberg, Hans: Das Lachen der Thrakerin – Eine Urgeschichte der Theorie, Frankfurt a.M. 1987

Bohrer, Karl Heinz / Scheel, Kurt [Hrsg.]: Lachen. Über westliche Zivilisation. Merkur. Heft Sept./Okt. 2002

Borchmeyer, Dieter: Faust – Goethes verkappte Komödie; in: Die großen Komödien Europas. Tübingen 2000, S. 199-226.

Borges, Jorge Luis: Beatrices letztes Lächeln; in: Die letzte Reise des Odysseus, Frankfurt a.M. 2001, S. 249-253

Braeuer-Ewers, Ina: Züge des Grotesken in den Nachtwachen von Bonaventura, Paderborn 1995

Buñuel, Luis: Mein letzter Seufzer. Erinnerungen, Königstein 1983

Brooks, David: Das soziale Tier, München 2011

Busch, Stefan: Verlorenes Lachen, Blasphemisches Gelächter in der deutschen Literatur von der Aufklärung bis zur Gegenwart; Tübingen 2004

Canetti, Elias: Masse und Macht, Frankfurt a.M. 2011

Christen, Thomas: Das Ende im Spielfilm. Vom klassischen Hollywood zu Antonionis offenen Formen, Marburg 2001

Coxon, Sebastian: do lachete die gote: Zur literarischen Inszenierung des Lachens in der höfischen Epik; in: Wolfram-Studien XVIII (2004), S. 189-210

Curtius, Ernst Robert: Europäische Literatur und lateinisches Mittelalter, Sonderausgabe der 11. Auflage; Tübingen 1993

DER SPIEGEL: „Das Lachen macht's", Heft 38/1996, S. 214-230

Ebert, Christa: Velimir Chlebnikov: Zaklâtie smechom; in: Geist, Peter [Hrsg.], Vom Umgang mit Lyrik der Moderne, 1992

Eco, Umberto: Nachschrift zum ‚Namen der Rose', München 1987

Ellmann, Richard: James Joyce, Frankfurt a.M. 1996

Ellrich, Lutz: Die Tragikomödie des Skandals. Thomas Bernhards Roman Holzfällen und der Ausbruch des Spiels in die Zeit; in: Schössler, Franziska/Villinger, Ingeborg [Hrsg.]: Politik und Medien bei Thomas Bernhard, Würzburg 2002

Emrich, Wilhelm: Die Sorge des Hausvaters; in: Akzente, Bd. 13 (1966), S. 295–303

Enzensberger (a), Hans Magnus: Enzensbergers August- Lektüre, Elias Canetti „Die Blendung", DER SPIEGEL 32/1963, S. 48 f.

Enzensberger (b), Hans Magnus: Bescheidener Vorschlag zum Schutze der Jugend vor den Erzeugnissen der Poesie; in: ders.: Mittelmaß und Wahn. Gesammelte Zerstreuungen. Frankfurt a.M. 1988

Fiam, Michael: Die Funktion von Lachen und Lächeln in der deutschen Literatur. Eine Untersuchung anhand ausgewählter Werke. Diplomarbeit, Universität Wien, 2003.

Fietz (a), Lothar /Fichte, Joerg O./Ludwig, Hans-Werner [Hrsg.]: Semiotik, Rhetorik und Soziologie des Lachens, Vergleichende Studien zum Funktionswandel des Lachens vom Mittelalter zur Gegenwart; Tübingen 1996

Fietz (b) Lothar: Möglichkeiten und Grenzen einer Semiotik des Lachens; in: Fietz, Lothar u. a. [Hrsg.], Semiotik [siehe dort], S. 7-20

Fietz [c] Lothar: Von der Sündhaftigkeit zur Lächerlichkeit der Vanitas; in: Fietz, Lothar u. a. [Hrsg.], Semiotik [siehe dort], S. 189-202

Fietz (d), Lothar : Ergebnisprotokoll der Sektion „Renaissance bis 18. Jahrhundert"; in: Fietz, Lothar u. a. [Hrsg.], Semiotik [siehe dort], S. 252-256

Föcking, Marc: „Qui habitat in caelis irridebit eos" – Paradiesisches und irdisches Lachen in Dantes Divina Commedia; in: Benthien, Claudia/Gerlof, Manuela [Hrsg.]: Paradies – Topografien der Sehnsucht, Köln 2010, S. 77-96

Freud, Sigmund: Der Witz und seine Beziehung zum Unbewussten, 1905

Gewehr, Lars: Ein „pervers politischer Widerspruch" – Das Groteske in Thomas Bernhards Stimmenimitator, Universität Stuttgart, Studienarbeit aus dem Jahr 2006

Glavinic, Thomas: Holzfällen. ZEIT ONLINE 9. August 2012

Goebel, Alexander: Gute Gefühle … machen Sinn; Berlin 2015

Goethe, Johann Wolfgang von: Dichtung und Wahrheit, 1811-1833

Göttert, Karl-Heinz: Wofür erhält man den Literaturnobelpreis? WELT digital 19.10.2010

Graczyk, Annette: Mephistos Lachen. Zu Goethes Faust; in: Beise u. a. [Hrsg.] LachArten [siehe dort], S. 101-112

Greiner, Ulrich: Kafkas Halbbruder, ZEIT ONLINE 2. Oktober 1992

Hagby, Maryvonne: man hat uns fur die warheit … geseit. Die Strickersche Kurzerzählung im Kontext mittellateinischer 'narrationes'des 12. und 13. Jahrhunderts; Münster 2001

Haug, Walter: Schwarzes Lachen: Überlegungen zum Lachen an der Grenze zwischen dem Komischen und dem Makabren; in: Fietz, Lothar u. a. [Hrsg.], Semiotik [siehe dort] S. 49-64

Helmstetter, Rudolf: Vom Lachen der Tiere, der Kinder, der Götter, der Menschen und der Engel; in: Bohrer, Karl Heinz u. a. [Hrsg.], Lachen [siehe dort], S. 763-773

Herrero Salas, Fernando: Der Kriminalroman bei Friedrich Dürrenmatt, Salamanca 1976

Höllerer, Walter: Das verfilzte Ding Odradek, ZEIT ONLINE 11. März 1966, aktualisiert 22.November 2012

Holbein, Ulrich: Samthase und Odradek, Frankfurt a.M 1990

Joseph, Erkme: Spott – Wohlbehagen – Verzweiflung. Lachen in Wilhelm Raabes Erzählungen Frau Salome, Stopfkuchen und Die Akten des Vogelsangs; in: Beise, Arnd u. a. [Hrsg.] LachArten [siehe dort], S. 151-163

Jurzik, Renate: Die zweideutige Lust am Lachen. Eine Symptomanalyse; in: Kamper, Dietmar u. a. [Hrsg.] Lachen [siehe dort], S. 39-51

Kamper, Dietmar/Wulf, Christoph [Hrsg.]: Lachen – Gelächter – Lächeln. Reflexionen in drei Spiegeln, Frankfurt a.M. 1986

Kant, Immanuel: Kritik der Urteilskraft, 1793

Kaube, Jürgen: Nobelpreisvergabe – Was ist große Literatur? FAZ.net 13. 10. 2016

Kleiner, Marcus S.: Postskriptum zur Spassgesellschaft, Neue Zürcher Zeitung, 3. November 2001

KNLL Kindlers Neues Literatur Lexikon, München 1988-1998

Körte, Mona: Die Uneinholbarkeit des Verfolgten. Der Ewige Jude in der literarischen Phantastik, Schriftenreihe des Zentrums für Antisemitismusforschung, Band 6; Frankfurt a.M. 2000

Kreimeier, Klaus: Die Eingeschlossenen. Operativer Eingriff am lebenden Befund. Luis Buñuels Film Der Würgeengel (El Angel Exterminador) – Vortrag im Rahmen des 4. Mannheimer Filmseminars, März 2005

Kundera, Milan: Irgendwo dahinter; in: Die Kunst des Romans, Essays, Frankfurt a.M. 2014

Kuschel, Karl-Josef: Lachen. Gottes und der Menschen Kunst, Freiburg 1994

Larenz, Karl/Canaris, Klaus-Wilhelm: Methodenlehre der Rechtswissenschaft, 3. Aufl., München 1995

Le Goff, Jacques: Das Lachen im Mittelalter, Stuttgart 2004

Macho, Thomas Macho: Lachende Angst, `http://ghiraldelli.pro.br/wp-content/uploads/Macho_PDF.pdf` (Kurzfassung von: Thomas Macho: Mit lachendem Gesicht: en face le pire jusqu'à ce qu'il fasse rire; in: Zeitschrift für Medien-und Kulturforschung, Heft 0/2009. Hamburg)

Marquard, Odo: Das Komische und die Philosophie, Vortrag der Studium Generale-Ringvorlesung der Philosophischen Fakultät der Universität Gießen über die Europäische Komödie" im Wintersemester 1966/67.

Martin, Ariane: Bald abgeklungenes „Lachfieber" und die Possen eines Clowns. Über das Verschwinden des Lachens in der Rezeptionsgeschichte von J. M. R. Lenz; in: Beise, Arnd u. a. [Hrsg.], LachArten [siehe dort], S. 61-77

Maurer, Elke Regina: Wer lacht hier über was? Interkulturelle Missverständnisse und Hermine Huntgeburths „Die weiße Massai", 2010, http://geschichte.nachdemfilm.de/content/wer-lacht-hier-über-was

Mauser, Wolfram/Pfeiffer, Joachim [Hrsg.]: Lachen, Freiburger literaturpsychologische Gespräche, Jahrbuch für Literatur und Psychoanalyse, Band 25; Würzburg 2006

Merziger, Barbara Maria: Das Lachen von Frauen im Gespräch über Shopping und Sexualität, Dissertation Berlin 2005

Michaelis, Rolf: Eine andre Art von Tod, Christa Wolfs Erzählung „Kein Ort. Nirgends"; ZEIT ONLINE 16. März 1979

Moog-Grünewald, Maria: „Pour ce que rire est le propre de l'homme": Zu einer Anthropologie des Lachens in der französischen Renaissance; in: Fietz, Lothar u. a. [Hrsg.], Semiotik [siehe dort], S. 154-167

Neumeister, Sebastian: Die Praxis des Lachens im Decameron; in: Fietz, Lothar u. a. [Hrsg.], Semiotik [siehe dort], S. 65-81

Niemeyer, Katharina: Der Furz des Sancho Panza oder Don Quijote als komischer Roman; in: Altenberg, Tilman/Meyer-Minnemann, Klaus [Hrsg.], Europäische Dimensionen des Don Quijote in Literatur, Kunst Film und Musik, Hamburg 2007, S. 63-90

O'Neil, Dennis: The Dark Knight, Roman zum Film von Dennis O'Neil, basierend auf dem Drehbuch von Jonathan Nolan und Christopher Nolan, Stuttgart 2008

Oeser, Hans-Christian/Schneider, Jürgen: James Joyce, Frankfurt a.M. 2007

Panini Comics: Joker Anthologie. Die größten Schurkenstücke des Verbrecherclowns. Stuttgart 2014

Pasley, Malcolm: Die Sorge des Hausvaters. In: Akzente, Bd. 13 (1966), S. 303-309

Pfister, Manfred: „An Argument of Laughter": Lachkultur und Theater im England der Frühen Neuzeit; in: Fietz, Lothar u. a. [Hrsg.], Semiotik [siehe dort], S. 203-227 ff.

Popper, Karl R.: Logik der Forschung, 7. Aufl., Tübingen 1982

Proust, Marcel: Briefe zum Werk, 1977, Frankfurt a.M. 1964

Pusse, Tina-Karen: Von Fall zu Fall. Lektüren zum Lachen. Kleist, Hoffmann, Nietzsche, Kafka & Strauß. Freiburg 2004

Reiser, Marius: Das Lachen in der Bibel und die christliche Lachkultur; in: Wilhelmy, Winfried [Hrsg.], Seliges Lächeln [siehe dort], S. 26-37

Ritter, Joachim: Über das Lachen; in: Subjektivität, Sechs Aufsätze, Frankfurt a.M. 1974, S. 62-92

Schopenhauer, Arthur: Die Welt als Wille und Vorstellung. Zweiter Band, Kapitel 8 – Zur Theorie des Lächerlichen.

Schubert, Bernhard: Das boshafte Lächeln. Der Teufel und das Lachen; in: Thomas Manns Doktor Faustus; in: Beise, Arnd u. a. [Hrsg.], LachArten [siehe dort] S. 203-211

Schulze, Gerhard: Die Erlebnisgesellschaft. Kultursoziologie der Gegenwart. 2. Auflage, Frankfurt a.M. 2005

Schweikert, Uwe: Der Krieg aller gegen alle, in: ZEIT ONLINE 17. März 1967

Sloterdijk, Peter: Kritik der zynischen Vernunft, Zweiter Band, Frankfurt a.M. 1983

Sontag, Susan (a): Gegen Interpretation; in: Kunst und Antikunst, 24 literarische Analysen, 6. Aufl., Frankfurt a.M. 2003, S. 11-22

Sontag Susan (b): Die pornographische Phantasie; in: Kunst und Antikunst, 24 literarische Analysen, 6. Aufl., Frankfurt a.M. 2003, S. 48-87

Stadelbacher, Stephanie/Schneider, Werner: Die komische Seite der Macht – warum Lachen nicht harmlos ist; in: Heinlein, Michael/Seßler, Katharina [Hrsg.]: Die vergnügte Gesellschaft, Bielefeld 2012, S. 113-134.

Stern, Fritz: Kulturpessimismus als Politische Gefahr. Eine Analyse nationaler Ideologie in Deutschland, München 1986

Theweleit, Klaus: Das Lachen der Täter: Breivik u. a., Psychogramm der Tötungslust, St. Pölten 2015

Träger, Claus: Einleitung zu: Sebastian Brant, Das Narrenschiff; Leipzig 1986, S. 5-22

Ufer, Britta: Emotionen und Erlebnisse beim Public Viewing. Explorative interdisziplinäre Analyse eines gesellschaftlichen Phänomens. Dissertation, Göttingen 2010

Universität Kiel: Umberto Eco: Il nome della rosa (Der Name der Rose), Abschnitt 5. Der Karnevalismus und die postmoderne Pluralität; Ringvorlesung Romane des 20. Jahrhunderts

Vogt, Jochen: Einladung zur Literaturwissenschaft, 7. Aufl., Paderborn 2008

Weinberg, Kurt: Kafkas Dichtungen, 1963

Wertheimer, Jürgen Wertheimer: Hierarchien des Lachens: Machtstrukturen der Affektäußerung im Roman des 19. Jahrhunderts; in: Fietz, Lothar u. a. [Hrsg.], Semiotik, S. 312-324

Widmaier, Tobias / Johanna Ziemann: Will ich in mein Gärtlein gehen (Das buckliche Männlein); in: Historisch-kritisches Liederlexikon

Wilhelmy, Winfried [Hrsg.]: Seliges Lächeln und höllisches Gelächter. Das Lachen in Kunst und Kultur des Mittelalters, Publikationen des Bischöflichen Dom- und Diözesanmuseums Mainz, Band 1, 2012

Zweig, Stefan: Rezensionen 1902-1939, Der Roman „Hiob" von Joseph Roth

Zymner, Rüdiger: Lachen machen, Zu Robert Gernhardts Theorie der Komik, literaturkritik.de, Rezensionsforum Nr. 7/2006

Liste der Autoren – alphabetisch

Liste der Autoren
Adorno, Theodor W. – 5.3.2
Anderson, Sherwood – 2.2.2 (8)
Aristoteles – 1.1
Arnim, Achim von – 2.8 (1)
Basilius von Caesarea – 3.1 (1)
Bataille, Georges – 2.5.2 (2)
Beckett, Samuel – 2.5.3 (8)
Benedikt von Nursia – 3.1 (2)
Bergson, Henri – 1.
Bernhard, Thomas – 2.3.1 (4); 2.6 (3); 3.3 (7)
Bibel, Altes Testament – 2.5.2 (1)
Bibel, Neues Testament – 2.4.4 (3)
Bierce, Ambrose – 2.7 (5)
Boccaccio, Giovanni – 2.2.1 (2)
Böll, Heinrich – 2.3.1 (3)
Brant, Sebastian – 2.7 (1)
Broch, Hermann – 2.4.3
Büchner, Georg – 2.5.1 (4)
Caesarius von Heisterbach – 3.3 (2)
Canetti, Elias – 1.1; 2.5.1 (6)
Cervantes, Miguel de – 2.2.1 (4
Chesterton, Gilbert – 2.5.3 (7)
Chlebnikov, Velimir – 2.8 (5)
Dante Alighieri – 2.2.2 (1)
Düffel, John von – 2.4.1 (4)
Dürrenmatt, Friedrich – 2.5.1 (7)
Eco, Umberto – 3.1 (3)
Finger, William – 2.4.2 (3)
Flaubert, Gustave – 2.5.1 (5)